MAMUT O *SAPIENS*

Albert Riba Trullols

Mamut o *Sapiens*

Las diez inquietudes vitales
para adaptarse y emprender

EMPRESA ACTIVA
Argentina - Chile - Colombia - España
Estados Unidos - México - Perú - Uruguay

Reservados todos los derechos. Queda rigurosamente prohibida, sin la autorización escrita de los titulares del *copyright*, bajo las sanciones establecidas en las leyes, la reproducción parcial o total de esta obra por cualquier medio o procedimiento, incluidos la reprografía y el tratamiento informático, así como la distribución de ejemplares mediante alquiler o préstamo público.

1.ª edición Febrero 2013

Copyright © 2013 *by* Albert Riba Trullols
© 2013 *by* Ediciones Urano, S.A.U.
 Plaza de los Reyes Magos 8, piso 1º C y D – 28007 Madrid
 www.empresaactiva.com

ISBN: 978-84-96627-57-4
E-ISBN: 978-84-9944-492-5
Depósito legal: B-32655-2012

Fotocomposición: Infillibres, S.L.
Impreso por: Romanyà-Valls – Verdaguer, 1
08786 Capellades (Barcelona)

Impreso en España – *Printed in Spain*

Muchas gracias a mis padres y a mi familia por mostrarme el camino de la acción y de la bonhomía.
Muchas gracias a mis socios y compañeros de proyectos por aceptarme como soy y no quererme cambiar.
Muchas gracias también a los que habéis visto el mundo de una manera diferente a la mía, pues siempre me habéis hecho crecer y entender muchas más cosas.
Muchas gracias a los que me habéis ayudado en este libro.

Índice

Prólogo 11
Introducción 15

1. Mamut o *Sapiens* 21
   Mamut 21
   Sapiens 25
   La comunidad 30
   El entorno 35
   Las inquietudes 38

2. Las 10 inquietudes 45
   Quién soy 45
   La zona de confort 60
   El miedo 65
   La diferencia 73
   El cambio 79
   La comunicación 84
   El tempo 89
   La conciliación 94

El riesgo 100
El fracaso 102

3. 10 *Sapiens* 111
Jordi Pujol - ¿Quién soy? 111
Isabel Pérez - Zona de confort 115
Fuad Dergic - El miedo 119
Xavier Gabriel - La diferencia 123
Isidre Esteve y Lidia Guerrero - El cambio 126
Marta Cailà - La comunicación 130
Padre prior de Montserrat - El tempo 134
Xantal Llavina - La conciliación 138
Enric Morist - El riesgo 143
Mis padres - El fracaso 147

4. El día siguiente 151
La simbiosis 151
Plan de trabajo 153

Prólogo

Se ha escrito mucho sobre los emprendedores en la fase de creación de su proyecto empresarial, sobre los primeros pasos que hay que dar, sobre cómo consolidar la empresa o acelerarla, sobre la emprendeduría corporativa y todo aquello que supone lanzar nuevos productos y servicios, abrir nuevos mercados, redefinir nuestras organizaciones...

Pero se ha escrito muy poco sobre el paso previo al proceso «formal» del emprendimiento y la puesta en marcha de estos cambios, aquellos pasos «internos», aquellos miedos, barreras e inhibidores que nos dificultan o impiden llevar a cabo nuestros sueños y retos y las actitudes necesarias para superar estas inquietudes.

Albert Riba tiene esas actitudes. Es optimista por naturaleza, vital, tenaz y perseverante. También es un emprendedor en serie. Y, seguramente, todo está relacionado entre sí.

Pero si tuviera que definir a Albert con un solo adjetivo, diría que es «inquieto». Es la personificación de esa actitud de perseguir al máximo tus objetivos e ir a por todas. De no esperar que las cosas pasen por sí solas, sino de hacer todo aquello que esté en nuestras manos para hacerlas realidad.

Y ésa es la gran diferencia, tal y como nos cuenta el propio autor, de manera muy didáctica, entre los mamuts y los sapiens.

Los segundos superaron las barreras para adaptarse al medio y para transformar, a la vez, este medio y de esta manera conseguir no extinguirse como sí les ocurrió a los mamuts.

Y lo hicieron trabajando todo un conjunto de inquietudes que el autor nos presenta, de una manera muy llana, entendedora y, sobre todo, aplicada y orientada a poner en práctica en nuestro día a día: quién soy, mi zona de confort y la estabilidad, los miedos que nos paralizan, cómo dar el primer paso, convivir con el cambio, saber comunicar, dominar el tempo, la conciliación, la gestión del riesgo y, muy importante, cómo nos preparamos para el fracaso.

El autor nos plantea para cada una de estas inquietudes unas reflexiones prácticas de cómo afrontarlas, trabajarlas y gestionarlas, a nivel individual.

Y además, lo ejempláriza a partir de diferentes referentes como Jordi Pujol, Xavier Gabriel, Isidre Esteve, Lidia Guerrero, Marta Cailà, Xantal Llavina, Enric Morist...

Tengo el placer, además, de conocer algunos de estos

Prólogo

referentes y puedo asegurar que son claros ejemplos de «sapiens», de personas inquietas, que han luchado, y luchan, por sus sueños y retos.

Todos tenemos en nuestro interior una parte de «sapiens», pero también de «mamut». O dicho de otro modo, en todo «mamut» hay un «sapiens» y en todo «sapiens» se oculta un «mamut».

La cuestión es ¿en qué grado somos sapiens y no mamuts? ¿Cómo afrontamos los cambios de nuestro día a día en todos los diferentes aspectos de nuestra vida?

Pero también tenemos que plantearnos si nuestra organización es «mamut» o «sapiens» y si tenemos capacidad para cambiarla o podemos influir en adaptarla.

He tenido la suerte y la oportunidad de vivir y seguir la evolución de este libro, desde los primeros borradores y capítulos hasta la redacción final y he podido participar en la revisión de contenidos y puedo asegurar que, como los buenos vinos, es el resultado de varias fermentaciones e interacciones lo que garantiza, aún más, su calidad.

Como último mensaje, sólo recomendaros que leáis el libro con la misma pasión que Albert lo ha escrito y remarcar que no es, como él mismo apunta, una receta mágica, pero seguro que incluye, a mi parecer, los ingredientes clave para afrontar los retos diarios que se nos plantean en nuestra vida y que se requieren para asumir el cambio con garantías.

Y cuando finalicéis la lectura, preguntaos en qué grado sois *sapiens* y mamuts y si queréis seguir o no, con vuestros sueños y retos. Y sobre todo, si queréis luchar por ellos.

Ramon Costa
Ingeniero TIC y Docente Universitario (UAB, EUG)
Profesor Asociado Sénior de EADA
Cofundador de inPreneur

Introducción

Cada día por la mañana, cuando te levantas, te lavas la cara y te miras al espejo, ves frente a ti a una persona a quien cada día deberías preguntar: ¿lucharás hoy por hacer lo que te gusta?

Vivimos en una sociedad en plena transformación que se encuentra inmersa en crisis de diferentes tipos: de valores, de ideas, económica, de emociones... Sin embargo, lo que nos tendría que preocupar más es que estamos viviendo una «crisis de acción».

Esta crisis de acción implica que las personas se quejan, se indignan y muchas veces sólo utilizan su inteligencia para buscar excusas, probablemente algunas de ellas con razón. Pero para que las cosas pasen no basta con desearlas, hace falta algo más. *Hay que pasar a la acción. Hay que ir a por ellas.*

Todas las personas tenemos ilusiones y nos mueve la posibilidad de hacer cosas, sean del tipo que sean. Sin embargo, también encontramos a muchas otras que piensan que quedándose quietas en el mismo lugar las cosas irán bien y, cuando menos, no empeorarán. Pero esto realmente no es así, ya que la sociedad contemporánea avanza muy deprisa y lo que hace décadas sucedía en 40 años, hoy pasa en cuestión de meses. Basta con que comparemos el grado de penetración del coche o de la televisión con los datos de incorporación y uso de las redes sociales.

Quedarse quieto implica que no nos movemos y que nos encerramos en nosotros mismos, y al no mirar al exterior, nos aislamos del mundo por elección propia. Es por eso que es necesario interactuar en nuestro entorno, ya que esto nos permitirá ver que muchas personas como nosotros hacen cosas únicamente porque se atreven a hacerlas.

Pero aparte de quedarse quietos, lo más grave de todo es que muchas personas no se atreven a luchar por su reto y, lógicamente, el hecho de no poder alcanzar algo que deseas te acaba provocando estrés, tristeza, insatisfacción, malestar corporal...

Una manera sencilla de comprobar todo esto es dedicarse a mirar las distintas expresiones de angustia y tristeza en las caras de las personas con quien nos cruzamos por la calle de cualquier ciudad: las que se encuentran a nuestro lado en el metro o en la parada del autobús, la de la persona que grita mientras habla por teléfono parada en el semáforo o la de aquella que está en el bar, tomando un café, a menudo con semblante de animal medio disecado.

Introducción

También hay que decir que hay muchas personas felices, contentas e ilusionadas porque hacen cosas, es decir, pasan a la acción, ya sea acometiendo empresas, implicándose con alguna ONG, cambiando de trabajo, manifestándose para reclamar derechos o, incluso, cambiando de estilo de vida. Sí que hay problemas, pero también hay oportunidades o espacios donde poder interactuar, arriesgar y cambiar. Tenemos que estar convencidos de que hay talento y buenas personas para revertir esta situación, por eso es necesaria la acción y el trabajo.

Entre todos ellos, los quietos y los inquietos, existe un hecho común que nos tiene que dar mucha esperanza para enfocar el futuro y es que: *todos tenemos inquietudes.*

Todos tenemos dentro de nosotros algunas cosas que nos hacen pensar, temblar, dudar, emocionar, sentir cosquilleos o nervios. Cosas que hacen que lo que tenemos dentro se agite mucho, hasta el punto de remover nuestras inquietudes.

Muchas personas han sabido activar estas inquietudes y pasar a la acción, pero también encontramos a otras que no siempre las saben sacar. Y si digo «saben sacar» es porque se puede «aprender a hacerlo».

Para eso hace falta identificar realmente esas inquietudes y ofrecer herramientas para activarlas. Al identificarlas, todas aquellas personas que se quieran mover podrán hacerlo. Así, quien quiera cambiar de trabajo, ser actor, ser emprendedor, aprender a hablar en público o a liderar... podrá salir de la apatía para encontrar aquella alegría que proprociona el luchar por los propios sueños y pasar a la acción.

Hace unos años, un buen amigo me dijo que yo era un afortunado porque hacía lo que me gustaba. Rápidamente le respondí que no estaba en absoluto de acuerdo por la sencilla razón de que: *el mérito en la vida no es hacer aquello que te gusta, sino atreverte a hacerlo.*

Por eso, cuando miro a mi alrededor, veo a demasiadas personas con su luz apagada, lo que las hace estar tristes y angustiadas. No miro lo que hay de malo en ellas, sino que trato de buscar siempre el porqué, trato de saber qué las motiva o qué las inquieta. De la misma manera que cuando veo personas que son felices y les pregunto el porqué y todas acaban respondiendo de una manera u otra que tienen «retos», luchan por alcanzarlos y que, cuando los alcanzan, buscan nuevos.

Los retos, grandes o pequeños, son ilusiones, sueños, pasiones... que activados y en movimiento hacen que estas personas busquen siempre la manera de convertir en realidad sus sueños, y por eso dan lo mejor de sí mismas.

Quizás te preguntarás qué tiene que ver todo esto con lo que has leído hasta ahora de los mamuts y los *sapiens*. Pues bien, en un momento de mi adolescencia, cuando quería ser veterinario, hablando un día con mi padre, él me preguntó:

—Hijo, ¿sabes cuál es la diferencia entre los hombres y los animales? —no supe qué responder, así que él me contestó:

—El animal solamente puede adaptarse al medio

Introducción

para sobrevivir, pero el hombre para sobrevivir es capaz de transformar el medio para que se adapte a él.

En este libro que tienes entre las manos explicaré y reflexionaré sobre algunas de las vivencias y aprendizajes que he tenido en mi entorno. Una serie de experiencias obtenidas a través de la interacción con personas de todo tipo, que me han llevado a dividir el mundo en dos tipos de individuos: los mamuts y los *sapiens*.

Si observamos la evolución de las especies animales, veremos que muchas de ellas se extinguieron porque lo único que intentaron fue adaptarse al medio para sobrevivir, pero la fuerza del medio y también el impacto de otras especies hicieron que muchas de ellas se acabaran extinguiendo, como los mamuts. Por el contrario, tenemos la evolución del *Homo sapiens*, que sobrevivió porque tuvo la capacidad de gestionar sus inquietudes de supervivencia e hizo más: se transformó él mismo y transformó el medio para sobrevivir.

El *sapiens* superó las inquietudes que tenía en su interior con el fin de salir de la cueva para luchar, para no perecer y para transformarse a sí mismo, y se convirtió en el *Homo sapiens* actual, que es capaz de extraer petróleo y construir grandes ciudades en el mismo lugar en el que el mamut no pudo sobrevivir.

También expondré los diez tipos de inquietudes que tenemos las personas, y mostraré cómo son muchas las que han sido capaces de activarlas con el fin de transformarse, de buscar un nuevo y mejor entorno donde vivir y crecer.

Estamos en el siglo XXI. Como he dicho antes, una época de cambio o cambio de época. Esos cambios no los podemos evitar, pero sí depende de nosotros poder activar las inquietudes vitales, acompañándolas de actitudes para hacer cosas, proyectos...

Es decir, para poder vivir hay que sobrevivir. Hay que escoger si queremos ser mamut o *sapiens* y eso depende sólo de una persona: TÚ.

1

Mamut o *Sapiens*

En este apartado analizaremos la relación de los mamuts y de los *sapiens* con su comunidad y con el entorno en el que vivían, explicando la importancia de las inquietudes antes de las actitudes y, sobre todo, la importancia de la acción.

Mamut

Un día leí en un artículo de *National Geographic,* que una expedición de investigadores había encontrado un pequeño mamut muerto en un excelente estado de conservación. La congelación que sufrió le había ido inmovilizando hasta el punto de detenerlo, quitarle la vida y convertirlo en un punto más en la cadena de la extinción.

Me invadió un sentimiento de pena y de disgusto porque un ser vivo, que vivía en comunidad como nosotros y que compartía la vida con otros animales, no había podido sobrevivir. Aunque creo que es más adecuado decir que no «supo» sobrevivir.

Estuve bastante rato mirando las fotografías que ilustraban el artículo. Y cuanto más las miraba, más sensación tenía de que aquel mamut todavía estaba vivo y de que aquella imagen sólo era eso: una imagen en la que el animal iba corriendo, como si fuera cualquier otro animal del zoo a quien seguro nuestros niños darían de comer... ¡aunque hubiera un cartel que dijera: «Prohibido darles comida»!

Empecé a buscar información por Internet y a estudiarlo. Me acerqué al Museo del Mamut de Barcelona para conocer realmente cuál fue la vida que vivieron aquellos animales y qué les sucedió para extinguirse.

Después de buscar, estudiar y analizar llegué a la conclusión de tres hechos que marcaron a los mamuts y que los llevaron a optar por una vida más pausada que, al fin y al cabo, les llevó a la extinción. Estos factores fueron:

- Falta de movimiento.
- Poca adaptación al medio.
- Nula capacidad de transformación del medio.

Las rutinas cotidianas de las organizaciones nos conducen básicamente a hacer lo mismo, es decir, lo que llega a la mesa de nuestro despacho. Esto comporta que nos focalicemos en cosas operativas y rutinarias, o sea, en «lo fácil de hacer», pero lo más necesario y más difícil de hacer lo aparcamos.

Para mantenerse en movimiento hace falta que todas las personas y todas las organizaciones, sean del perfil que sean, hagan el esfuerzo de crear hábitos que provoquen que la organización se mueva constantemente, es decir, que hagan cosas cada día, que cambien los procesos internos, etc.

Hacer cosas nuevas es un trabajo duro y arduo, pero es la única manera de que aquella persona u organización pueda sobrevivir, ya que si no lo hace así y se queda quieta, al igual que los mamuts, corre el riesgo de extinguirse. Es por este motivo que hace falta recordar siempre que *crear el hábito de cambiar cosas es posible y muy necesario.*

Una vez hayamos conseguido un movimiento más continuado y más intenso, que vaya hacia adelante, es cuando empezaremos a adaptarnos al medio. Pero sobre todo, es cuando podremos empezar a cambiar en el medio para que se adapte a nosotros, una acción difícil que el mamut no pudo hacer pero sí el *sapiens*, como iremos viendo durante el libro.

Transformar el medio para que se adapte a nosotros es un trabajo posible, pero no hay que pensar en cambiar grandes cosas, sino al contrario, hay que pensar que con pequeños cambios en nuestro entorno se nos facilitará la adaptación al medio para que, finalmente, podamos transformarlo.

Seguro que alguien de vosotros está pensando que los mamuts tardaron muchos años en extinguirse. Es una percepción que puede ser cierta. Quizás sí que tuvieron más tiempo, pero la percepción del tiempo de hoy es mucho más rápida que antes y este famoso entorno —del que iremos hablando— cambia cada día, cada minuto, cada segundo... ¡Ya no es lo mismo!

En conclusión, podemos decir que:

- El mamut se extinguió porque no se movió lo suficiente.
- El mamut tuvo miles de años para hacerlo... pero ahora, en el siglo XXI, el tiempo vuela.

¿Con esto qué quiero decir?: que hace falta que nos preguntemos a nosotros mismos algo muy simple:

¿Quiero ser mamut?

Serlo o no depende de nosotros.

Si la respuesta es «*sí, quiero ser mamut*», lo único que hace falta es que sigas haciendo lo que llevas haciendo durante años. O sea, que hagas lo mismo que hizo el mamut: *quédate quieto, no te adaptes al medio y no intentes cambiar tu entorno.* Es una elección individual que tenemos que respetar aunque nos cueste entender.

Hay muchas personas que piensan que el mundo va cambiando pero que ellos, mientras sigan igual, se mantendrán en el mundo. Se piensan que quedándose quietos no les pasará nada; que es mejor no hacer nada que equivocarse... Son muchos los ejemplos de que realmente hay personas que no actúan o bien porque no se dan cuenta de ello, o bien porque no saben cómo hacerlo y se conforman con su situación.

Si realmente quieres ser mamut, lo tienes que aceptar con todas las consecuencias. ¡Pero sinceramente me cuesta mucho creer que alguien quiera extinguirse! Me parece extraño pensar que alguien no tenga retos o ilusiones por crecer. Aunque puedo entender que no sepa hacerlo y por eso, en el fondo, tiene sentido este libro que tienes en tus manos.

Puede ser realmente que tengamos muy claro que no queremos ser mamut y preferimos ser *sapiens*, como analizaremos después. Pero si no sabes exactamente en qué punto estás, hazte sólo tres preguntas:

¿Va realmente el mundo en mi contra?
¿Lo he intentado todo de verdad?
¿Puedo aprender y evolucionar?

Si realmente crees que el mundo va en tu contra, si crees que lo has intentado todo y, sobre todo, si crees que no puedes aprender nada, me sabe mal decirlo: ERES UN MAMUT.

Como creo que estás leyendo este libro porque crees que el mundo no va en tu contra, porque estás convencido de que todavía puedes hacer más y piensas que todavía puedes aprender, te invito a continuar leyendo, porque creo que tú quieres ser *Sapiens*.

Sapiens

Hasta ahora hemos hablado de los mamuts como unos animales que por quedarse quietos, no moverse lo suficiente, y no saber cambiar el entorno se extinguieron al cabo de unos milenios.

Si miramos al otro extremo de la cadena evolutiva, necesitamos analizar la supervivencia de un animal que haya sido capaz de transformarse para sobrevivir, y que para alcanzarlo haya sido capaz de modificar su entorno.

Este animal es la especie humana que, gracias a un proceso y evolución de hominización, se acabó convirtiendo en el *Homo sapiens*, «el hombre de hoy en día», a quien nos referiremos en adelante como *sapiens*.

El *sapiens* no lo es desde el origen, sino que es una evolución que con el paso de los siglos, al ver cómo su entorno le obligaba a cambiar si quería sobrevivir, se transformó. Pasó de andar a cuatro patas a hacerlo erguido; de comunicarse con gritos a desarrollar un lenguaje oral; de ir desnudo a utilizar ropa; de tirar piedras a construir herramientas, etc.

Pero lo más importante de todo es que adoptó la actitud de ir a conseguir las cosas, de salir de la cueva, de superar el miedo, de aprender, de transformarse... Y esta actitud le llevó a tener la capacidad de empezar a ver que yendo tal como iba, sin hacer nada o tan sólo adaptándose al entorno, corría el riesgo de acabar extinguiéndose, como sus antiguos coetáneos, los mamuts.

Es decir, donde el mamut sucumbió, el *sapiens* fue capaz de transformarse para sobrevivir y sobre todo para ir un paso más adelante: *atreverse a cambiar el entorno para que el entorno se adaptara a él.*

Mirémoslo a través de la historia y hagamos volar un

poco la imaginación. Imagínate que eres un mamut que vivías hace miles de años en el Polo Norte, rodeado de nieve y a muy bajas temperaturas, con un entorno que te hace sufrir mucho y que te dificulta la vida. Vienen grandes temporales y glaciaciones que afectan tanto a los tuyos como a tus compañeros y por estas situaciones, previstas o no, os vais quedando solos, y al final, siendo la punta de la cadena de la extinción de vuestra especie, os acabáis extinguiendo.

¿Te lo puedes imaginar? ¿No te gustaría, verdad?

Ahora imagínate como lo que eres ahora mismo, un *sapiens*. Vives en tu ciudad, pero como te gusta hacer turismo, contratas un viaje y te vas al Polo Norte con los tuyos, con un gran barco rompehielos que os lleva al mismo centro del Polo Norte. Allí sois capaces de convivir con otras personas, algunas que quizás viven allí o que simplemente han ido a vivir aventuras o, incluso, a generar riqueza.

Al despertar de estos dos sueños verás que la única diferencia entre tú y el mamut es una: el *sapiens* ha transformado el medio para que el medio se adapte a él.

Personalmente estoy seguro de que aquel primer *Homo* que estaba dentro de la cueva tenía el mismo miedo que el mamut: seguro que no sabía cómo salir adelante, seguro que tampoco sabía cómo empezar a adaptarse al medio, ni cómo transformarse, y todavía menos sabía cómo cambiarlo. Pero una cosa sí sabía seguro: *si quería algo, tenía que ir a buscarlo.*

Después de compartir esta idea del mamut y el *sa-*

piens con muchas personas, muchas organizaciones y muchas empresas, he aprendido tres cosas:

- A poca gente le gusta que le digan que viene del mono.
- La gente prefiere ser mono antes que ser mamut.
- Todo el mundo se identifica con el *sapiens*.

Es cierto que hay personas que viven con una actitud de mamut, pero también es cierto que muchas de estas personas que están tristes, tienen dentro de sí muchos puntos en común con los *sapiens*. Es decir, tienen retos, sueños, ilusiones y muchas cosas más que les gustaría convertir en realidad para acabar haciendo aquello que les gusta. Pero hay un problema: *ser* sapiens *no es fácil*.

Ciertamente no es fácil, pero eso no quiere decir en absoluto que sea imposible, sino que hay que apostar por tres decisiones muy importantes que van ligadas entre sí.

1. Querer ser *sapiens*: aceptar que hay que transformarse.
2. Intentarlo: convertir inquietudes en actitudes.
3. Levantarse continuamente: la clave para superar los problemas y los cambios.

Realmente éste es el problema que tenemos que abordar. Es necesario acompañar en su transformación a la gente que quiere, pero no sabe cómo hacerlo.

Todos hemos conocido a muchas personas mamuts que se han transformado y también hemos podido compartir muchos ratos con personas *sapiens*. Personas que han tenido sueños y han encontrado el coraje de sacarlos adelante, que se han caído muchas veces, pero se han levantado, que han aprendido de los fracasos pero también de los éxitos... Pero todos, y digo exactamente todos, tienen un rasgo en común: *lo han intentando tantas veces como ha sido necesario.*

Esta capacidad de intentarlo supone el reto más importante y la diferencia mayor entre un mamut y un *sapiens*. Con intentarlo una vez no hay bastante. Y con invertir horas, tampoco. Hace falta mucho más: *tener capacidad de aprendizaje para tomar decisiones constantemente.*

Todas las personas tenemos inquietudes en nuestro interior que van más allá, que están latentes, ocultas y muchas veces son ignoradas por nuestro consciente o nuestro entorno. Pero realmente existen, y no podemos huir de ellas...

Soy de aquellos convencidos de que en esta vida casi todo se puede aprender si la persona tiene ganas, pone voluntad y se le acompaña para que empiece.

Podrá aprender más o menos, dado que no todas las personas tienen las mismas capacidades y condiciones, pero seguro que con formación podemos mejorar sus condiciones. Cuando nos encontramos con estos casos —ya sea en la vida privada, profesional o en cualquier otro ámbito—, hace falta que potenciemos el aprendizaje y tratemos de aprender cómo dimensionamos los retos que cada uno puede asumir.

En resumidas cuentas, debemos pensar que todos tenemos una oportunidad para poder cambiar nuestro entorno e intentar conseguir que se parezca a aquello que soñamos.

La comunidad

Hasta ahora hemos hablado de mamuts y *sapiens* centrándonos básicamente en una única diferencia entre los dos que provocó que hoy día, cuando paseamos por la calle, sólo veamos *sapiens* y no mamuts.

Sin embargo, hace falta tener presente que entre los mamuts y los *sapiens* hay muchas cosas en común y que una de las principales es que los dos vivían en comunidad, es decir, formaban parte de un colectivo.

Por comunidad entendemos un grupo de seres vivos vinculados por unas características e intereses comunes que hacen que se agrupen y vivan juntos, creando organizaciones regidas bajo unas pautas acordadas y aceptadas por la mayoría.

¿Pero tiene realmente tanta importancia este punto? Sí, porque *formar parte de una comunidad es primordial*.

Una de las características de la extinción de las especies animales es que esta comunidad en la que viven se va viendo cada vez más reducida, ya que van desapareciendo algunos miembros, otros se marchan buscando nuevos espacios, cada vez nacen menos... hasta llegar al punto en que aquella comunidad que anteriormente tenía miles de individuos, acaba teniendo pocos.

Un ejemplo de lo importante que es el concepto de comunidad lo podemos ver con el *sapiens*, que nos demuestra cómo gracias a formar parte de un colectivo, de gestionarlo y de saber evolucionar con él pudo salir de la cueva para ir a cazar mientras otros se dedicaban a proteger el territorio. O mientras unos cazaban, otros protegían a las criaturas.

Por lo tanto, si analizamos todo eso, podemos decir que cualquier ciclo de vida y de supervivencia implica que exista una relación continuada entre los elementos que forman parte de esta comunidad y que, por eso, hay que interactuar. Es decir: *para transformarse, hay que vivir en colectivo.*

Una vez tenemos claro que los mamuts y los *sapiens* viven en comunidad, hay que tener presente que en estos grupos es tan importante asumir un papel de responsabilidad o liderazgo como ser un miembro más. Al colectivo le hacen falta miembros con mucho protagonismo, pero también otros con poco, ya que todos los roles son necesarios, y de la capacidad de compaginar todos los estilos y potenciarlos, el grupo sale fortalecido.

Es por eso que un solo individuo puede tener la capacidad de crear un colectivo y darle aquella energía tan necesaria para consolidarse. Pero, al mismo tiempo, cuando este grupo va creciendo de una forma ordenada y estructurada, tiene que facilitar que todos sus miembros crezcan. Por eso me gusta decir: *el individuo crea colectivos, pero el colectivo hace al individuo.*

Este concepto puede parecer una obviedad, pero a menudo las personas nos pasamos el día pensando que somos lo más importante, que todo gira a nuestro alrededor, como si nuestro ombligo fuera el mayor del mundo y, sobre todo, pensando que no necesitamos a nadie más porque solos podemos hacerlo todo, cuando nada de eso es cierto.

El día que aprendamos e interioricemos que nuestra fortaleza individual viene dada por la fortaleza del grupo, nos daremos cuenta de que para sobrevivir, crecer y aprender, esta comunidad es necesaria e indispensable también.

Si eso lo miramos en la vida del mamut, veremos que a lo largo de la historia de la humanidad, cada vez que cualquier animal ha querido cazar a otro, acostumbran a pasar dos cosas:

1. La víctima acaba sola: como aquel mamut pequeño que hemos citado en las primeras páginas, a quien quizás apartaron de su familia y se quedó solo, y ya no se pudo valer por sí mismo.
2. Los que ganan van siempre en colectivo: la fortaleza del colectivo es de vital importancia y podemos encontrar muchas pruebas que nos lo demuestran. Si miramos el caso del *sapiens*, sólo hace falta que nos fijemos en las pinturas rupes-

tres que hoy conservamos, donde veremos manadas de animales rodeados de muchos *sapiens* para cazarlos.

Cuando asumimos que es esta fortaleza de la comunidad la que hace fuerte al individuo, es cuando podemos asumir que hay que apostar por un proceso de cambio. Y no sólo de lugar, sino de actitudes y de inquietudes que, al fin y al cabo, son los que nos ayudarán a transformarnos en *sapiens*.

Esta transformación de la comunidad y del colectivo se ve a menudo afectada por la alta variabilidad del entorno donde vive: motivos climáticos, meteoritos imprevistos, otras especies, espacios o, incluso, guerras entre diferentes colectivos.

En los años de los mamuts y de los *sapiens* ambos se movían con sus poblados y sus manadas, montaña arriba y abajo, buscando espacios donde vivir. Practicaban la trashumancia.

Ahora, en pleno siglo XXI, este concepto de trashumancia también hace falta tenerlo presente. Es decir, de la misma manera que hacían los mamuts mientras pudieron y de la misma manera que los *sapiens* supieron hacer, hace falta que las personas de nuestra sociedad seamos capaces de pensar en migrar. Por eso hay que asumir que *en el siglo XXI hace falta una trashumancia pero de intangibles*.

Es decir, hace falta que las personas seamos conscientes de que vivimos en un mundo mucho más global y pensemos también que tenemos que ser trashumantes y desplazarnos donde sea, en un mundo sin barreras como es el actual. Pero hace falta que vayamos más allá y no pensemos sólo en una trashumancia territorial o espacial. Es importante también pensar que nuestras inquietudes, actitudes y aptitudes también se tienen que mover y transportar de un lugar a otro con el fin de poder evolucionar y transformarnos. Este movimiento es clave para mantener la evolución.

Y el paso más importante: si los mamuts para sobrevivir se tenían que mover a diferentes espacios y, si los *sapiens* para sobrevivir también se movían pero con sus manadas, los hombres actuales hace falta que hagan la trashumancia de intangibles.

En la sociedad donde vivimos, no es suficiente mover *objetos y cosas físicas*, hace falta que seamos conscientes de que las personas y, por lo tanto, las organizaciones, están formadas por intangibles como:

- Las inquietudes internas, que hacen que el *sapiens* se preocupe.
- Las actitudes, que son las que hacen que las cosas pasen.
- Las aptitudes, que nos permitirán hacerlo.

Es necesario que pensemos en todos estos conceptos, ya que la fortaleza de las personas viene dada por la fuerza del colectivo y por su capacidad de moverse más allá de las cosas superficiales, es decir, de moverse él mismo para transformarse.

En resumen:
El colectivo se tiene que hacer crecer en tangibles e intangibles.

El entorno

Si buscamos en cualquier diccionario, encontraremos que la palabra «entorno» se define como algo que está alrededor de una cosa en concreto, sea objeto, persona, organización, entidad, ciudad...

Este entorno al que hacemos referencia puede ser que sea muy pequeño (un lugar muy cercano y muy próximo, como puede ser nuestro coche, la habitación de casa o bien un pequeño despacho en el trabajo) o también muy grande (como una universidad, una gran empresa, una gran ciudad como Barcelona, Nueva York o Delhi...) o incluso una montaña, un valle o el mismo mar.

Una vez tenemos ubicado este elemento dentro del entorno, sea un mamut, un *sapiens* o nosotros mismos, hace falta tener presente que esta relación que se origina con el medio físico, acaba implicando una relación que a menudo descuidamos y que acaba, muchas veces, generando pequeños o grandes imprevistos. En este punto de «la vinculación con el entorno» es muy importante saber tres cosas:

    a. *La ubicación dentro del entorno:* algo común cuando hablamos de las personas en relación con

su entorno es que la mayoría no siempre tiene conciencia real de su lugar exacto dentro de él y de todo lo que ello implica. Se tiende a dar más importancia al entorno que a uno mismo, lo que obviamente inquieta y preocupa, como veremos cuando hablemos de las inquietudes.
b. *La distancia con el entorno y el individuo:* como la persona muchas veces no es consciente de su rol dentro del medio, a menudo podemos decir que no conoce exactamente ni puede dominar la distancia que hay entre él y su entorno. Es decir, no sabe hasta dónde puede llegar, y eso genera en las personas una inquietud: no saben si serán dominados, si dominarán ellos, si les vendrá a buscar alguien o no...
c. *La interacción con este entorno:* hay que tener presente que las personas, actualmente *sapiens*, no somos sólo seres vivos, sino seres relacionales dotados de una inteligencia, gracias a la cual nos es más fácil interactuar con nuestro entorno. Debido a esta interacción somos capaces de adaptarnos al medio e incluso podemos modificarlo para que se adapte a nosotros.

Si analizamos el posicionamiento del mamut veremos que a menudo la gestión de ese posicionamiento hacia el entorno no era el más idóneo, ya que la mayoría de las veces el mamut se limitaba a pasear por allí. Pero en ningún momento pudo, o no supo, interactuar con el medio para cambiarlo y perdió debido a la fuerza de éste.

Por el contrario, si comparamos la evolución del *sapiens*, veremos que al principio vivía dentro de la cueva y casi no salía por miedo, o salía lo necesario. El final de aquella cueva le indicaba la distancia existente entre él y su medio físico, cumpliendo los dos primeros puntos que hemos comentado anteriormente: posicionamiento y distancia.

Lo más importante, sin embargo, fue la capacidad de interactuar con este medio, ya que en esta relación el mamut vivía en posición de dominado por el entorno. Por el contrario, el *sapiens*, como conocía tanto el medio como la distancia entre él y sus entornos próximos, pudo plantear de una manera más atrevida su interacción con el medio para intentarlo dominar.

¿Cómo empezó el *sapiens* a dominar su entorno? Adaptando la cueva para poder vivir dentro de ella protegido tanto de las inclemencias climatológicas como de los animales o las grandes fuerzas de la naturaleza, para seguir vivo y continuar transformándose. Una vez que salió de la cueva, que era su refugio, es cuando empezó a potenciar e intensificar esta relación. Hasta el día de hoy, en que los *sapiens* somos capaces de crear grandes ciudades o espacios para poder vivir y sobrevivir.

Y todo esto... ¿cómo nos lleva a nuestros días?

Hemos de ser conscientes de que tenemos que salir de nuestra cueva y atrevernos a interactuar con nuestro entorno, porque está lleno de personas con inquietudes como nosotros que quieren activarlas. Son muchos los que quieren provocar cambios en su entorno y si lo hacemos todos juntos, seguro que podremos transformarlo.

Solamente siendo conscientes de nuestras inquietudes, nuestros sueños, nuestro deseo de alcanzar un reto y nuestra voluntad de crecer, podremos estar convencidos de que podemos cambiar este medio para que se adapte a nosotros.

Es innegable que el ser humano tiene que ser hoy día el centro de nuestra sociedad y, como tal, el centro de este entorno. Por ello hace falta que sea consciente de cuál es su lugar en este espacio, que sepa la distancia entre él y su entorno, de manera que cuando interactúe sea capaz de poder cambiarlo para sobrevivir. Pero siempre teniendo presente que lo más importante de todo es él. Es decir, tú que estás leyendo estas páginas.

Porque si alguien puede cambiar su entorno, eres tú. Mentalízate de que nadie lo hará por ti.

Las inquietudes

El verano de 2011 mi buena amiga Xantal Llavina me llamó para ofrecerme colaborar en su nuevo programa de radio «Directe4» en Radio Nacional de España. Coincidimos en que podríamos hablar sobre personas emprendedoras pero con dos vertientes innovadoras:

- Ir más allá «de emprendedor empresa».
- Ir más allá de la actitud emprendedora.

Me explico: Cuando se habla de personas emprendedoras, se acostumbra a hablar de empresas y de quienes hacen estas empresas, que si Apple, que si Ford, que si Zara, etc. Pero nosotros queríamos encontrar un nuevo punto diferencial, y el primer paso fue el mundo de las actitudes. Porque la actitud emprendedora es necesaria.

Pero mientras preparábamos la sección nos dimos cuenta de que todavía había que encontrar una mayor diferenciación en el enfoque y ésta era el mundo de las inquietudes, por eso titulamos la sección como «Inquietos Riba».

¿Y por qué inquietos?

Porque la inquietud es un estado previo al de emprender.

Porque la inquietud es un estado previo a una actitud.

Es cierto que nuestra sociedad necesita personas emprendedoras que sean capaces de convertir ideas en proyectos y que estos proyectos generen riqueza, puestos de trabajo, buenos trabajos para los empleados, buenos productos, etc., pero no olvidemos que estas empresas u organizaciones también necesitan de personas inquietas.

A una persona así muchas veces le llamamos «inquieto» con un tono despectivo o crítico, como si fuera algo malo cuando afirmo rotundamente que no lo es.

Tener inquietudes y ser inquieto es muy positivo.

Lo realmente malo es que no sepamos canalizar a estas personas inquietas, sea en el espacio que sea, familiar, profesional, asociativo, etc.

Podemos encontrar personas inquietas con actitud emprendedora en muchos ámbitos, en la creación de empresas en movimientos asociativos, en el mundo de la cultura, del arte, etc., y creo firmemente que tenemos que ser capaces de identificar a todos estos inquietos con el fin de potenciarlos.

Pero como hemos dicho antes, hay que tener presente que la inquietud es un estado previo a la actitud. Es decir, las personas se activan cuando han sabido gestionar una inquietud que poco antes les había bloqueado.

Por eso hay que potenciar el «mundo de las inquietudes».

Hay que hacer un ejercicio para detectar a las personas inquietas de nuestro entorno. Quizás no tengan grandes sueños, pero lo más importante es que sean personas inquietas con ganas de hacer algo y, por eso, es necesario que seamos capaces de acompañarles y facilitarles este inicio. ¿Y dónde encontrar las inquietudes de las personas?

Estoy convencido de que las inquietudes bien articuladas nos llevan al talento de las personas. Si somos capaces de acompañar a estas personas, veremos cómo la connotación negativa de la inquietud se convierte en una actitud positiva, constructiva y motora que hará que aquella persona haga lo que le gusta. Al hacerlo será más feliz y gestionará todas las adversidades e intentará cambiar el medio para que se adapte a él.

Haciendo una metáfora, al acompañarle facilitaremos que pase de mamut a s*apiens*.

Sin embargo, ahora nos surge uno de los retos más importantes: saber cuáles son estas inquietudes.

Siempre suelo decir que lo más maravilloso del ser humano es que no podemos encontrar a dos iguales, con los mismos miedos, alegrías, gustos, etc. Con ello quiero decir que no me veo capaz de hacer una lista taxativa, ni creo que nadie pueda proporcionarla. Lo único que puedo es proponer una lista de diez inquietudes que he tenido la oportunidad de observar en personas que han tenido esa actitud emprendedora de ir a cambiar el mundo, de querer convertir sueños en realidad, de querer crear nuevos estilos de vida, etc.

Éstas son las inquietudes habituales:

1. Quién soy: inquietud por la importancia que uno tiene.
2. La zona de confort: inquietud por la trampa de la estabilidad que da la zona de confort.
3. El miedo: inquietud a que el miedo nos paralice.
4. La diferencia: inquietud por lo difícil que es dar el primer paso y empezar.
5. El cambio: inquietud por la necesidad de aprender a convivir con el cambio.
6. La comunicación: inquietud por la necesidad de saberlo comunicar.
7. El tempo: inquietud por el ritmo que necesitan las cosas.

8. La conciliación: inquietud por equilibrar nuestra vida en todos los aspectos, profesionales y emocionales.
9. El riesgo: inquietud por la gestión del riesgo real y no sólo financiero.
10. El fracaso: inquietud por cómo prepararnos para el fracaso.

En los diez últimos años he podido hablar de todas estas inquietudes tanto en mis blogs como en talleres o en programas de radio, además de poder compartirlo con un amplio número de emprendedores a quien he podido acompañar en su proceso emprendedor, ya sea en charlas, cursos o en el mismo Posgrado de *Entrepreneurship* que he tenido la oportunidad de dirigir. Y un hecho común que he encontrado en todos es que *emprender implica activar inquietudes*.

Con eso quiero expresar que:

- Emprender es mucho más que crear empresas y dibujar un plan de negocio.
- Emprender implica estar con personas inquietas.
- Pensar en activar implica pensar en formación y en transformación.
- Activar inquietudes personales quiere decir ubicar a la persona en el centro de todo.

Si todo esto lo conseguimos y somos capaces de facilitar a las personas que se atrevan a luchar por sus sueños, sean mayores o jóvenes, conseguiremos que pasen de una inquietud que los paraliza a una actitud que los mueve y a unas aptitudes que les hacen actuar de una manera mejor, más alineada con sus deseos.

Activando inquietudes tendremos a más personas haciendo lo que las motiva.

2
Las 10 inquietudes

Muchas personas no se mueven porque no han modificado determinados comportamientos que tienen interiorizados o que están cerca de ellas. Por ello, revisaremos las 10 inquietudes que tienen que trabajarse para después pasar a la acción. Veremos cómo lo hiceron tanto los *sapiens* como los mamuts. A la primera de todas le prestaremos más atención que a las otras, ya que es la base sobre la que se sostienen todas las demás.

Quién soy

La conquista propia es la mayor de las victorias.

PLATÓN

La primera inquietud que preocupa a la gran mayoría de personas no es precisamente saber si aquel proyecto lo podremos sacar adelante o no, si los clientes nos comprarán o no, si el entorno nos lo facilitará o no... La primera inquietud que tenemos que gestionar y que la gente acostumbra a dejar a un lado es lo que algunos escritores y psicólogos denominan el YO, que es lo que yo llamo el saber *quién soy*.

Es decir, analizar quién soy, qué sé hacer y para qué sirvo. O formulado en las preguntas habituales que todos nos hacemos:

¿Seré capaz de alcanzar mi reto?

¿Sabré hacerlo?

¿Por dónde empiezo?

¿Por qué yo?

Y muchas otras que quizás ahora mismo, tú también te habrás preguntado, te estás preguntando o bien te preguntarás.

Puede parecer una cosa muy obvia, pero quizás precisamente porque se considera tan evidente pocas personas se hacen estas preguntas, y sobre todo, no hacen el ejercicio de contestárselas.

Tanto el mamut como el *sapiens* —como vosotros mismos y como todos— sintieron la inquietud de saber exactamente quiénes eran, y sobre todo de saber hasta dónde serían capaces de llegar con el fin de alcanzar aquel reto que todos anhelamos.

Entonces, si parece una cosa tan obvia, ¿por qué no nos preguntamos *quién soy, qué sé hacer y para qué sirvo*? Creo que por dos motivos básicos:

- No nos paramos a pensar, y como excusa, hacemos otras cosas.

- Reflexionar sobre nosotros mismos se nos hace difícil.

Las personas tenemos una gran capacidad para inventarnos excusas y cuando una cosa no va como queremos, culpamos a nuestro entorno o bien decimos que tenemos tanto trabajo, que estamos tan ocupados que no tenemos tiempo para hacerlo, y entonces priorizamos las cosas según otros criterios, que muchas veces son aleatorios. Es entonces cuando cometemos el error de no pararnos a pensar.

En estos casos tenemos que ser conscientes de que la inteligencia de las personas se tiene que utilizar para algo válido y necesario. Es decir, para *buscar soluciones y respuestas a los problemas*. Dedicarla a buscar excusas no es en absoluto positivo, sino más bien lo contrario.

Muchas veces, bajo la excusa de la ocupación aparcamos o metemos bajo la alfombra temas que nos toca analizar, pero que preferimos aplazar y no hacer nada. Hacemos lo que técnicamente se llama «procrastinación», es decir, dejamos para el día siguiente cosas que tenemos que hacer hoy.

Por eso es necesario que cuando tengamos cualquier inquietud que nos preocupa, busquemos un espacio temporal para detenernos y así hacer los siguientes cinco pasos que considero muy importantes:

1. *Parar:* hay que buscar un espacio para detenerse a pensar y sobre todo, para estar un tiempo sin ac-

tuar, cosa que también es necesaria. Es probable que te detengas porque quieres o, como me pasó a mí, que sea la salud quien te pare, pero sea por el motivo que sea, aprenderás una cosa muy sencilla:

No es posible pensar bien en movimiento.

Ahora cierra el libro 5 minutos y vuelve dentro de un rato... verás cómo pararse es bueno y necesario.

2. *Pensar:* una vez nos hayamos parado y estemos en situación de reposo, es bueno predisponernos a pensar y reflexionar sobre lo que hemos hecho bien, lo que hemos hecho mal, lo que tenemos que mejorar, lo que es importante o urgente, y a partir de aquí definir unas bases sólidas para poder seguir.

3. *Priorizar:* una vez decidido lo que es importante y lo que no, es necesario que hagamos una lista del orden de cosas que iremos siguiendo y cómo las iremos decidiendo, una detrás de otra, sin ningún tipo de miedo. Aquí hace falta que vayamos con mucho cuidado de no cometer el error de que en esta lista de prioridades no haya sólo cosas de trabajo, sino también espacios de nuestra vida que tenemos que conciliar, aspecto que trataremos posteriormente.

4. *Programar:* definir de qué manera lo pondremos en marcha y concretarlo en un plan de acción lo más detallado posible para alcanzar el objetivo

definido, pero que también nos dé un margen de adaptación y de cambio ya que, como decimos siempre, el medio también influye en nuestra planificación. Esta planificación que muchas veces aplicamos en nuestro trabajo también es preciso aplicarla a nuestras inquietudes, porque ésta es la única manera de activarlas periódicamente.
5. *Producir:* entendiendo por producción el hecho de pasar a la acción y ponernos a trabajar, con el fin de convertir estas inquietudes en actitudes. Que estemos en producción no quiere decir que dejemos de detenernos para revisar y reorientar ciertas decisiones, ya que esto hay que seguir haciéndolo.

Estos cinco puntos son de vital importancia para poder estructurar, analizar y mejorar la propia percepción de tu «YO», con el fin de poder afrontar estos nuevos retos. ¿Pero estos cinco pasos los hicieron los mamuts?

Como podéis imaginar no viví en aquella época, pero después de analizarlo con calma y estudiar la información existente, considero que el mamut no pudo hacerlo del todo y, sin embargo, el *sapiens* sí. Y lo creo así por una sencilla razón.

El mamut dormía al aire libre y el sapiens, *dentro de la cueva.*

El mamut iba montaña arriba, prado abajo, y cuando caían grandes nevadas o llegaban grandes temporales, su condición le obligaba a vivir fuera. Pero no sólo eso, el mamut no se podía detener en un espacio donde estuviera tranquilo para pararse a pensar. Por el contrario, el *sapiens* sí. Tenía la cueva.

Lo que de entrada podría parecer un problema porque el *sapiens* estaba encerrado en una cueva, el tiempo demostró que fue una suerte y una oportunidad, ya que por el hecho de esconderse dentro de su refugio tenía menos peligros, con lo que tenía menos amenazas, pero sobre todo, podía pasar mucho tiempo adentro y allí se relacionaba, interactuaba y, seguro, pensaba, priorizaba y programaba.

Dicho de otra manera: *la cueva no fue un problema sino una oportunidad.*

Ahora imagina que estás en la misma situación que los *sapiens*, parado en un lugar, y que estás predispuesto a pensar para cambiar algo, pero quizás le tienes respeto, ¿verdad?

¿Por qué nos genera respeto reflexionar sobre nosotros mismos? Pues muy sencillo:

Reflexionar implica llamar a una puerta que tienes que abrir tú mismo, y eso provoca mucho respeto porque a veces no sabemos lo que encontraremos. Entonces damos media vuelta y no llamamos.

Para hacerlo puedes llevar a cabo tres ejercicios: 1) concienciarte de que eres tú quien tiene que hacerlo; 2) hacer un DAFO personal y 3) elaborar un plan de acción.

Ya no podemos quedarnos en casa quejándonos, diciendo que el mercado es muy duro, que la crisis es muy grande, que hay mucha competencia... Es el momento de concienciarte de que tú, y sólo tú, eres quien sacará las castañas del fuego y que si quieres que alguien te ayude a sacarlas, tú tienes que dar el primer paso, sea para solventar el problema, o bien para pedir ayuda.

1. Conciénciate de que todo depende de ti

Hoy en día, vivimos en un mundo realmente muy competitivo, muy preparado, totalmente conectado, y excesivamente acelerado que hace que ahora no te vengan las oportunidades a tu casa. Por lo tanto, es necesario que des un primer paso porque si te llegan cosas a casa, solamente son de tres tipos y no acostumbran a gustar a nadie porque son tres amenazas:

- Multas o impuestos, que a nadie le gustan pero hay que pagar; publicidad que a todos nos molesta porque nos llenan el buzón y cartas de los bancos con comprobantes de movimientos.

Por eso, hace falta hacer como el *sapiens* y salir de la cueva.

El *sapiens* tenía una cueva física pero todos tenemos una cueva donde nos refugiamos para no sacar al exterior ciertas cosas que tenemos que sacar necesariamente, aunque no sean fáciles, pero esto lo trataremos más adelante.

Una vez ya tienes claro que el primer paso lo tienes

que hacer tú, hace falta coger bolígrafo y papel y empezar a hacer los siguientes deberes.

2. Haz un DAFO personal

El análisis DAFO es una herramienta —nacida en la década de 1960 de la mano de unos expertos de planificación corporativa de la Universidad de Standford— que consiste en analizar las debilidades, las amenazas, las fortalezas y las oportunidades que tienen las organizaciones para definir una buena estrategia corporativa.

¿Y qué harás con esto?

Adaptarlo a tu situación y hacer el mismo trabajo, pero para ti mismo. Es decir, analizarás tus **D**ebilidades, **A**menazas, **F**ortalezas y **O**portunidades como persona individual, haciéndolo en relación con tu entorno.

Este ejercicio te permitirá detenerte y escribir un conjunto de reflexiones importantes y básicas sobre ti mismo, que te ayudarán a saber quién eres, con el fin de posteriormente trabajarlas.

En primer lugar, para poder realizar este análisis tendrás que detallar claramente dos aspectos:

a) *El interno:* es el que hace referencia a aquellos factores que dependen internamente de la organización y en este caso, que dependen de uno mismo, ya que ahora estamos aplicando el DAFO a la persona y no a una empresa. Estos dos factores controlables son las debilidades y las fortalezas.

b) *El externo:* es el que hace referencia al entorno, del que hemos hablado antes, donde se dan las amenazas y las oportunidades que encontramos y que surgen de la interacción entre tú y el entorno por donde te mueves.

Una vez tengas claros estos dos puntos, empieza a analizar los factores internos uno a uno, teniendo en cuenta:

- <u>Las fortalezas</u>: pueden ser todas aquellas cualidades, deseos, gustos, habilidades, etc., que hacen que tú las domines porque has desarrollado una habilidad con los años, o bien, porque te ha gustado mucho hacerlo. Este punto es muy importante saberlo analizar con calma.

Por ejemplo, el mamut tenía como clara fortaleza su gran resistencia física en cualquier temporal climático, hecho que le permitía permanecer todo el tiempo al aire libre y no peligrar, al menos por esta cuestión.

El *sapiens* tenía como clara fortaleza la capacidad o inteligencia para crear. Por ejemplo, herramientas, que le permitieron hacer pinturas rupestres en las cuevas para comunicarse, herramientas para ir a cazar, e incluso ropa.

¡Y ahora te toca a ti!

Tienes que escribir en un papel cuáles consideras que son tus fortalezas y qué cosas sabes hacer muy bien. Si te gusta organizar, si te gusta estar con la gente y comunicar, si te gusta ser dirigido, etc.

Es muy importante definir este punto porque sobre él se tiene que construir todo aquello que te gusta hacer, pero, especialmente, aquello para lo que eres mejor. Y a partir de aquí, potenciar todo tu talento hacia aquel punto donde quieres llegar a ser excelente.

- <u>Las debilidades</u>: hacen referencia a todo lo contrario; es decir, a las habilidades, los problemas, las actitudes que tiene una persona que le hacen ser, como indica la palabra, débil y, por lo tanto, son un grave problema para la perdurabilidad.

Pero volvamos a los mamuts y a los *sapiens*.

Cuando pensamos en un mamut, acostumbramos a pensar en un animal muy grande, con una cabeza de grandes dimensiones y muy musculosa, unos grandes colmillos, y cubierto de una gran cantidad de pelo que le ayudaba a aguantar el frío. Por lo tanto, es obvio que no era un animal veloz que pudiera cambiar de ritmo o de lugar de forma muy rápida para huir de cualquier amenaza que viniera de otras especies animales o, incluso, del mismo *sapiens*. Por lo tanto, podríamos decir que sus condiciones físicas, que en cierto momento podían constituir una fortaleza, en otro momento podían ser una debilidad.

En cuanto al *sapiens*, podemos decir que tenía una fortaleza, su inteligencia. Pero física y morfológicamente era mucho más débil que el mamut y, por eso, cuando le

Las 10 inquietudes

tocaba estar durante cierto periodo de tiempo a la intemperie, corría el riesgo de morir, lo que le llevó a vivir dentro de cuevas.

Piensa ahora en cuáles son tus debilidades.

Antes ya has hecho un ejercicio para analizar cuáles son tus fortalezas y hemos dicho que sobre ellas construirás todo aquello que se te da mejor. Pero también hace falta que hagas el ejercicio de analizar lo que no se te da nada bien, ya sea porque no sabes, porque no quieres o porque no te gusta.

Todo esto puede parecer un ejercicio sencillo o de niños, pero realmente no lo es. Es algo de vital importancia, y por eso deberíamos hacerlo todos y no una sola vez, sino de una manera continuada porque *si lo hacemos, gestionaremos mejor las inquietudes.*

Hasta ahora hemos analizado los factores internos del análisis que debemos hacernos y ahora nos toca analizar los factores externos. No sin antes recordar que el hecho de que nuestro entorno sea un factor externo no significa que tengamos que aceptarlo como tal, sino que gracias a nuestras capacidades podemos intentar adaptarnos primero a estos factores externos para posteriormente tratarlos de transformar de manera que se adapten a nosotros, entendiéndolo siempre como una adaptación en positivo.

- <u>Las amenazas</u>: son aquellas situaciones que pueden suceder y que no van alineadas con nuestros deseos, voluntades o gustos. Es decir, algo que cuando entra por la puerta de casa nos produce respeto y ante lo que podemos hacer dos cosas: intentar evitar que entren o aprender de ellas cuando lo hagan. Pero hagas lo que hagas, seguro que será una situación, digamos, incómoda e insegura cuando la tengas cerca.

En relación con el mamut, podemos encontrar que tenía tres grandes amenazas y que, probablemente, fue una combinación de todas ellas la que provocó su extinción en diferentes zonas de la Tierra. Los tres factores fueron el cambio climático, las enfermedades, e incluso el mismo *sapiens*.

Si nos centramos en la amenaza del hombre, podremos ver ya que el *Homo erectus*, antes de llegar a *sapiens*, ya comía carne de mamut o si vamos más adelante en el tiempo veremos cómo en fósiles de mamuts encontrados el siglo pasado, ya hay trozos de artefactos que demuestran que el hombre fue también una seria amenaza, que sumada a los cambios climáticos seguro fueron dos de las principales causas de su extinción.

Por el contrario, por extraño y atrevido que pueda parecer, la principal amenaza del *sapiens* puede llegar a ser él mismo, y de este tema podemos encontrar bastante bibliografía. Esta inteligencia especial que tiene el *sapiens* se puede volver en su contra porque es capaz de llegar a realizar ciertas transformaciones, por decirlo de alguna manera, irracionales, que provocan que todos sean una amenaza para todos.

¡Y con tu permiso, volvemos a ti!

Las 10 inquietudes

Una vez hayas analizado tus fortalezas y tus debilidades, las tengas escritas en un papel, empieza a mirar tu entorno y analiza dónde estás, a qué distancia las tienes y sobre todo, cómo interactúas con ellas.

Esto te permitirá observar y darte cuenta de que, quizás, tus principales valores y fortalezas están en un lugar que no es el adecuado y eso te hará ver que aquella inquietud que tienes quizás no es tan justificada como te piensas, con lo que te darás cuenta de que las cosas son más viables de lo que nos pensamos y entonces podrás decidir para actuar.

- <u>Las oportunidades</u>: una vez hayamos analizado las fortalezas, debilidades y amenazas nos será mucho más fácil detectar cuáles son nuestras oportunidades, es decir, aquello nuestro que tenemos que potenciar de nosotros y en nuestro entorno con el fin de generar cosas nuevas, ideas motivadoras, planes de futuro, etc.

Si lo miramos en relación al mamut, veremos que a medida que pasaban los años y se iba reduciendo su comunidad, las oportunidades se le fueron acabando, fueron quedando pequeñas comunidades repartidas por todo el planeta y al final se extinguieron. Es decir, se quedó sin oportunidades.

Por el contrario el *sapiens*, debido a que aplicó la inteligencia y a su capacidad de transformarse, fue capaz de encontrar nuevas oportunidades para sobrevivir. Empezó a salir de la cueva, hizo trashumancia, empezó a modificar el medio, etc., hasta el día de hoy, en que la Tierra se le ha quedado pequeña y busca el camino hacia la Luna y hacia Marte.

Y tú, ¿sabes cuáles son tus fortalezas?

Si donde trabajas se potencian tus fortalezas, tus debilidades se trabajan para ayudarte a crecer y las amenazas se gestionan, sigue por ese camino, pues seguro que te lo pasarás bien. Si por el contrario estás en un lugar donde tus fortalezas no se potencian y haces cosas que no te gustan, si estás en un lugar donde tus debilidades no se cuidan, y sobre todo, si el lugar por donde te mueves es una amenaza para ti, detente, prepárate y busca nuevas oportunidades.

Hasta ahora, en este capítulo hemos hablado de que hemos de aprender a detenernos con el fin de replanificar, pero de una manera adecuada, es decir, deteniéndonos para pensar y así poder priorizar lo que después programaremos y produciremos.

Pero con esto no hay bastante, pues hace falta que hagamos un ejercicio más intenso de analizar lo que hemos hablado posteriormente, saber cuáles son nuestras fortalezas, debilidades, amenazas y oportunidades para, partiendo de este punto, seguir.

Hacer este análisis en solitario entiendo que para muchas personas puede resultar complicado porque lo es y es más, me atrevo a afirmar que si lo hace uno solo, este análisis será pobre. Por esto es bueno compartirlo con personas de nuestro entorno que sean de confianza y nos digan lo que piensan, nos haga daño o no.

Las 10 inquietudes

Si eres capaz de analizar todos estos puntos, verás cómo aquella inquietud que tenías dentro de ti de conocerte lo bastante bien no tiene que significar una barrera como creías. Si te preguntas lo siguiente, tal como lo hemos hecho al principio, lo notarás. Para comprobarlo vuelve a contestarte estas preguntas:

¿Seré capaz de alcanzarlo?
¿Sabré hacerlo?
¿Por qué yo?
...

Si ahora respondes a estas preguntas, verás que sí puedes hacer más cosas de las que realmente piensas. Sólo te quedará hacer una:

3. Definir y escribir un plan de acción (para ponerlo en marcha, claro está)

Este plan de acción será un instrumento que, a partir de un balance real de quién soy y, sobre todo, de adónde quiero llegar, indicará los objetivos, las tareas, etc., que sean necesarias con el fin de poder alcanzar este reto.

Este plan de acción no hace falta que sea definido hasta el último extremo, ni mucho menos, sino que tiene que contemplar, a grandes rasgos, las líneas estratégicas a seguir para que una vez definidas y te pongas en marcha, cuando te vengan dudas, tengas donde ir a comprobarlo y adaptarla a los nuevos escenarios.

Si el sapiens *lo ha hecho, tú ¿a qué esperas?*

Deberes de trabajo personal:

- Autorreconocimiento.
- Parar, pensar, priorizar, programar, producir.
- Fortaleza, debilidad, amenaza, oportunidad.
- Plan de acción.

La zona de confort

Un barco atracado en un puerto está seguro, pero no es la finalidad para la cual fue construido.

WILLIAM SHEDD

Una vez ya sabemos quiénes somos realmente y dónde queremos llegar es cuando nos aparece la siguiente inquietud, que viene originada por el hecho de salir de un lugar más o menos estable para ir a buscar una nueva área, es decir, una nueva zona de confort.

Cuando utilizamos el concepto de «zona de confort», hablamos de una situación en la cual se suceden un conjunto de hechos que nos provocan una satisfacción de estabilidad y de bienestar que nos permite vivir más tranquilos, como si fuera un refugio. Aun así hay que tener presente algo muy importante. Todo en esta vida tiene una acotación temporal que normalmente nos suele indicar su inicio, su duración y, cómo no, su finalización. Este final acostumbra a generar un conjunto de impactos emocionales en la persona que hace que se atrevan o no a empezar.

Gestionar estos impactos en el mundo de la zona de confort en que vivimos las personas, implica dos cosas que se tienen que hacer:

1. Fijar un objetivo temporal en la zona de confort.
2. Recordar que la zona de confort es económica pero también emocional.

Si eso no lo tenemos en cuenta cuando hablamos de zona de confort, nos puede llevar a vivir en una trampa al pensar que aquella zona de confort es estable, cuando eso es falso, ya que todo cambia, y por eso podemos decir que *las zonas de confort también cambian*.

Esta zona va cambiando porque el espacio está en constante movimiento, pero también porque las personas, con sus emociones y sus deseos, cambian, es decir, los requisitos que consideramos como zona de confort van modificándose a medida que pasa el tiempo. Por lo tanto, podemos aceptar que la zona de confort cambia, como hemos dicho antes, por motivos de tiempo, de dinero, de inquietudes, de emociones, etc.

Creo que es el momento de revisar lo de la zona de confort con los mamuts y *sapiens*:

La zona de confort de los mamuts cambiaba muy a menudo, ya sea por condiciones del entorno o por los impactos del *sapiens*. Por ejemplo, al tener que dormir a la intemperie, pocas noches la cama era la misma.

La máxima zona de confort del *sapiens* estaba en el interior de la cueva. Por lo tanto, cuando su entorno se volvía, digamos, inestable, tenía un lugar donde poder ir a recuperar una situación de calma.

Visto esto, entonces nos podemos preguntar: ¿por qué no nos marcamos una fecha de caducidad en la zona de confort?

Ya comentábamos anteriormente que el ser humano sabe encontrar excusas a todo diciendo que tiene trabajo, que no puede pensar o, incluso, que no tiene tiempo. Pero todo esto sólo son excusas.

Hay otro argumento que muchas personas utilizan cuando hablan de zona de confort, y es el equilibrio. Éste es un estado perfecto y, por lo tanto, no tiene que cambiar, sin embargo, esto es diametralmente opuesto.

La gente se piensa que una cosa es perfecta cuando no cambia, pero es al contrario. Una cosa es perfecta cuando es capaz de adaptarse a los cambios que la rodean y por eso podemos decir que el equilibrio perfecto es aquel que se sabe mantener pero evolucionando.

El hecho de hablar de zona de confort tiene que llevar incorporado siempre una buena definición de quiénes somos, de qué podemos hacer y de dónde queremos llegar, es decir, conocernos lo bastante bien, como decíamos en el capítulo anterior. No sólo la situación de equilibrio «espacio-tiempo» va cambiando, sino que también nosotros mismos vamos cambiando, con lo que realmente es imposible que nos quedemos siempre igual.

Quedarse igual quiere decir no aceptar que el mundo

avanza; quiere decir creerse que estamos preparados para todo; quiere decir creer que el riesgo no existe, cuando realmente las cosas son muy diferentes.

El mundo avanza, está evolucionando a una velocidad muy acelerada y eso provoca que muchas veces las personas no tengamos la capacidad de interiorizarlo, con el riesgo que supone no gestionar estos cambios, en muchas ocasiones por falta de capacidad y no de voluntad.

Es por todo esto que, como decíamos cuando hablábamos de los mamuts, en el fondo también fueron víctimas de no saber hacer algo, pero por el contrario, el *sapiens*, que estaba dotado de inteligencia aprendió a hacerlo y eso le permitió buscar nuevas zonas de confort.

A menudo, cuando hablo con personas sobre el hecho de arriesgar y salir de la zona de confort, entre otras excusas mencionan la situación económica, que es cierto en parte, ya que en esta vida todo se tiene que pagar, pero realmente pocas personas se preguntan seriamente: ¿cómo están mis emociones en esta zona de confort?

Ciertamente, quizás tengamos la estabilidad económica que hace falta, pero muchas veces priorizamos esta situación económica y penalizamos nuestras emociones, que también necesitan estar en la zona de confort. Mirémoslo con ejemplos.

Hay personas que prefieren tener una segunda residencia en la playa para ir de vacaciones en verano que luchar por su proyecto.

Hay personas con mucho dinero, y digo con mucho

dinero, cuyas emociones no están en absoluto en una zona de confort.

Hay niños pobres, como en la India, con un equilibrio económico complicado, pero que, en cambio, siempre sonríen. Hay muchos emprendedores y personas inquietas que están luchando por sus proyectos, con pocos ingresos económicos, pero están animados porque están luchando por un futuro que construyen cada día.

Cuando hablamos de zona de confort hemos de considerar que está formada por dos vertientes: la económica, que nos permite vivir de una manera más o menos organizada y, la más importante, la zona de confort emocional, es decir, aquel equilibrio que nos hace sonreír cada día, que nos porporciona alegría porque *hay que equilibrar la zona de confort incluyendo las emociones*.

Si miramos todo esto, nos daremos cuenta de que las situaciones económicas van cambiando, sea por el motivo que sea, y que las alegrías y tristezas también, lo mismo que cambian los sueños una vez alcanzados. Todo lo cual nos lleva a afirmar que *el equilibrio es una zona de confort en movimiento*.

Si tratamos de aplicarlo a los mamuts, veremos que su zona de confort en el exterior era la misma, es decir, regiones y montañas en donde vivir, con un resultado final que todos conocemos.

Por el contrario, si nos fijamos más en el *sapiens* veremos que el equilibrio que le ha permitido llegar hasta el presente se ha basado en vivir en diferentes zonas de confort dentro de la cueva y fuera de ella en diferentes territorios, pero sobre todo, evolucionando como especie gracias a la transformación de sí mismo y del entorno.

Todo esto está muy bien leerlo pero como hemos hecho en el capítulo anterior, ahora hay que pararse a reflexionar, ya que de esta manera podremos gestionar mejor nuestras zonas de confort, y al conocerlas mejor, ya no nos inquietarán tanto y actuaremos más, para ir a buscar nuevas zonas de confort. *Si el sapiens lo ha hecho. Tú, ¿a qué esperas?*

Deberes de trabajo personal:

- Establecer una acotación temporal de la zona de confort.
- Hay que equilibrar la zona de confort incluyendo las emociones.
- El equilibrio es una zona de confort en movimiento.
- Definir la zona de confort actual.
- Visualizar la próxima zona de confort.

El miedo

> *Valiente no es aquel que no tiene miedo, sino aquel que sabe conquistarlo.*
>
> NELSON MANDELA

Cuando las personas ya hemos decidido que queremos apostar por una nueva zona de confort es cuando surge en el camino otra inquietud, que en ciertas dosis puede llegar a ser una buena compañía en el viaje, pero que también puede llegar a ser una gran enemiga. Es el miedo.

El miedo es una perturbación angustiosa del estado de ánimo que provoca un riesgo o un daño imaginario, que acostumbra a anular las facultades de decisión de una persona. Es decir, es algo que nos paraliza y que, como hemos mencionado en páginas anteriores, potencia nuestra capacidad de crear excusas.

Cuando tenemos miedo de alguna cosa, normalmente las personas actuamos como si fuéramos un iceberg, es decir, decidimos mostrar al mundo una pequeña parte del problema real para simular que aquella parte la tenemos asimilada pero realmente lo que ocasiona ese miedo intenso lo tenemos escondido en nuestro interior, como aquella gran masa de hielo que tienen bajo el agua los icebergs.

Como hemos dicho con el iceberg, al igual que con los miedos, tendríamos que ser capaces de girarlos y revertir la situación, entendiendo y aceptando la dificultad conceptual y física de la metáfora. Dicho de una manera más coloquial: *para superar los miedos, tenemos que hacer visible todo aquello invisible.*

Una vez tengamos claro que hay que hacer visible lo invisible, hace falta que nos preguntemos realmente: ¿Qué es lo invisible que llevamos dentro? ¿Qué es aquello que esconde bajo el agua nuestro iceberg que llevamos muy dentro, en el fondo de esa mochila que aguantamos sobre nuestros hombros? ¿Y cuáles son estos problemas que no queremos hacer visibles y que acostumbran a ser los causantes de los miedos?

Todas las personas llevamos una mochila cargada donde guardamos voluntariamente o involuntariamente, por falta de atrevimiento o por falta de saberlo hacer, un conjunto de hechos del pasado de nuestras vidas que nos han marcado de una manera muy fuerte, ya sea en nuestra infancia, en nuestra pubertad o juventud, o ya de mayores, es decir, *experiencias vividas y, muchas veces dolorosas.*

Y disculpad que hable en primera persona, pero del plural. Todos, absolutamente todos, tenemos una mochila donde guardamos pequeños paquetes envueltos en forma de problemas.

¿Y qué tipos de problemas podemos encontrar? Pues malos recuerdos de infancia en que sufrimos la crueldad de los niños porque dicen siempre lo que piensan, pero quizás no de la mejor forma posible; frustraciones deportivas ocasionadas muchas veces por factores ajenos a los niños, que además provocan una exagerada competitividad infantil; presiones innecesarias de padres porque quieren que sus hijos sean lo que ellos desean y no lo que los hijos sueñan; problemas de salud que imposibilitaron una vida normal y deseable para cualquier joven; suspensos y fracasos escolares que dejaron un lastre en el crecimiento y que provocó el abandono de los estudios; un amor roto que nunca se ha podido superar, provocando que se cierre la puerta a nuevas oportunidades; un antiguo trabajo donde te sentiste arrinconado y poco potenciado, donde se atacaba directamente a la autoestima de las personas; un proyecto que no salió bien y que ahora te hace pensar que nada saldrá bien.

Ante estos paquetes que tenemos dentro de la mochila podemos hacer dos cosas:

a) Aparcarlos: podemos dejar a un lado el problema esperando que se resuelva por sí solo, aceptando que no cambiará nunca y que no podemos hacer nada para mejorar la situación, pero apostar por esta acción implica lo mismo que cuando se rompe un vaso de cristal o como cuando se deshace un cubito de hielo o un iceberg. Cuando se rompe un vaso de cristal en casa normalmente nos pasamos un rato barriendo hasta que creemos que ya no queda ningún fragmento, pero al día siguiente o al cabo de tres días, encontramos un pequeño cristal que si vamos descalzos, se nos clava en el pie y nos causa dolor.

Si cogemos un hielo y lo metemos sobre un plato veremos lo mismo. Se deshará del todo, pero entonces aquel plato quedará lleno de agua (líquida), es decir, el problema también seguirá allí pero en una forma diferente, antes sólido y ahora líquido.

Y si eso lo pasamos a un iceberg, veremos que el impacto es mayor, al igual que con los miedos.

La primera opción que tenemos para gestionar estos paquetes que tenemos dentro de la mochila es no afrontarlos, es decir:

- Dejarlos allí latentes sin hacer nada pensando que nunca encontraremos una solución.
- Dejarlos dentro de la mochila mientras van entrando cosas nuevas y entonces lo dejamos como secundario.
- Dejarlos en la parte más honda de la mochila porque así no se ven y entonces parece que no existan.

Puede ser una opción válida, pero cuando aparcamos el problema y queremos romper conceptualmente con estos paquetes, en el fondo nos estamos engañando porque el problema —como el cristal, el hielo y el iceberg—, sigue allí, más grande o más pequeño.

De todo esto podemos extraer una importante conclusión: *aparcar el problema no lo soluciona, sólo lo esconde.*

b) Es por todo esto que la mejor opción que podemos hacer es dar un paso adelante y afrontar estos problemas que nos provocan el miedo. ¡O sea, nos toca encarar!

Encarar quiere decir darle hacerle frente al problema. Así de sencillo, pero realmente, muy complejo de hacer. Para hacerlo, sin embargo, aparte de una apuesta personal y una actitud valiente, hay que aplicar los tres pasos, que son claves, fundamentales e imprescindibles:

- Identificar
- Analizar
- Interactuar

Antes de entrar a detallar estos tres pasos, hemos de tener claro que no todos los causantes o problemas que nos dan miedo se pueden «solucionar», pero sí que podemos interactuar y tomar medidas para que no vuelvan a suceder, por ejemplo:

Si en nuestra juventud tuvimos un fracaso escolar (como personalmente me sucedió), no quiere decir en absoluto que no podamos estudiar cuando seamos mayores, pues realmente mucha gente lo está haciendo y prueba de ello es que las universidades de formación a distancia cada vez están más llenas de personas adultas que se están formando.

1. El primer paso y más importante es *identificar*: con calma, serenidad y tranquilidad identificaremos y listaremos por escrito todos aquellos causantes de miedo que tenemos dentro de nuestra mochila y les daremos «nombre, año, causante y sentimiento que nos provocó».

Por ejemplo, como ya hemos dicho en páginas anteriores, si miramos las pinturas rupestres de las cuevas de

Las 10 inquietudes

los *sapiens*, veremos que han dibujado ciertos peligros, ciertos objetos, ciertos animales, etc., que vienen a reflejar los miedos o inquietudes que tenían cuando estaban dentro de la cueva. En el fondo, lo que para nosotros hoy son los *post-it*, los papeles o libretas, para ellos eran los murales y las pinturas dentro de las cuevas.

2. En segundo lugar, habrá que *analizar*: una vez tengamos identificados estos causantes de los miedos, los analizaremos al detalle sobre cómo nos impactaron en su momento y sobre todo, cómo nos están afectando hoy en día. Una vez hayáis hecho este análisis, tenéis que tratar de compartirlo con vuestro entorno más próximo, ya que así podréis obtener una visión más amplia de la realidad y cuanta más información tengáis con el fin de mejorar vuestra percepción, mucho mejor.

La inteligencia es la principal habilidad diferencial que tiene el *sapiens* y no solamente la ha sabido aplicar para construir herramientas para comer, cazar o protegerse, sino también para construir, transformarse, etcétera.

3. En tercer lugar, lo más importante, *interactuar*.

Es la parte más difícil de todas, ya que pasaremos a la acción abordando el problema interactuando, afrontándolo con la preparación, información, energía y, cómo no, positivismo.

Una vez identificados y analizados los factores que nos provocan el miedo, hace falta que pasemos a la acción e interactuemos con ellos, es decir, que nos acerquemos a ellos, que hablemos, que los afrontemos... porque sólo de esta manera podremos ver la percepción real que tienen todas las partes.

Fruto de estas interacciones, veremos muchas veces que el problema no era tan grande como nos creíamos, veremos que ahora ya no nos asustan, veremos que han cambiado y evolucionado y nos daremos cuenta de que, como decíamos al principio, el miedo en muchas ocasiones nos provoca un mal imaginario muy claramente.

Y volviendo al *sapiens*, ¿creéis que el s*apiens* habría evolucionado si no hubiera interactuado con su entorno? La respuesta es obvia, ¿verdad?

Un ejercicio que tendríamos que hacer es mirar dentro de la mochila y ver que tenemos muchas cosas positivas que hay que valorar, cosas como una familia, unos amigos, salud... Por eso:

Hay que mirar también las alegrías que tenemos dentro de la mochila.

Por lo tanto, *si tienes miedo, actúa y verás que puedes ganar.*

Deberes de trabajo personal:

- Para superar los miedos tenemos que hacer visible todo lo invisible.
- Aparcar el problema no lo soluciona, sólo lo esconde.
- Encarar = identificar, analizar, interactuar.

- Hay que mirar también los dulces que tenemos dentro de la mochila.
- Si tienes miedo, actúa y verás que puedes ganar.

La diferencia

La única diferencia entre un loco y yo es que yo no lo estoy.

SALVADOR DALÍ

Al hablar con emprendedores o personas que quieren convertir en realidad sus sueños, sean de la magnitud que sean, con frecuencia se repite el hecho de que la primera vez que explican en su entorno que quieren «arriesgar», se les acostumbra a tratar de extraños, quedan como unos incomprendidos, e incluso se les dice que están «locos». En fin, los tratan como a personas diferentes pero negativamente.

Este hecho produce hacia las personas que quieren arriesgar, una sensación muy perturbadora, ya que el entorno le está diciendo que ser diferente no es bueno y eso es totalmente falso porque: *ser diferente no es malo*.

Una cosa diferente es aquella que se sale de la normalidad, pero que salga de la normalidad no quiere decir que sea negativo, ya que también hacen falta personas que tengan la capacidad de ver el mundo con una mirada diferente y, sobre todo, que tengan el coraje de convertir sus sueños en proyectos.

Una vez las personas ya han aceptado que la diferencia puede ser un valor, precisan tener la capacidad de encontrar lugares donde puedan encontrar personas como ellas, que sean también diferentes, con el fin de poder convivir juntos, es decir, inquietos que puedan hacer cosas con inquietos.

Cuando se juntan personas similares que quieren «hacer algo más que mirar», es cuando podemos decir que lo diferente pasa a ser normal, esto es:

La diferencia queda normalizada cuando convives con diferentes.

Hasta ahora hemos ido hablando de que esta diferencia hace falta ponerla en valor, pero tenemos que tener presente que quien primero debe hacerlo «eres tú mismo», porque si no lo haces tú, no puedes pedirle a los otros que lo acepten y, por lo tanto, no podrás hacer que respeten esa diferencia.

Dicho en menos palabras: *el primero que tiene que aceptarte como diferente eres tú mismo.*

Asumir esta diferencia empieza con nosotros mismos y el primer paso es dar luz a nuestros retos, al igual que los *sapiens* salían de la cueva buscando la luz exterior.

Vivir en la oscuridad muchas veces nos provoca una sensación de bienestar, ya que parece que nadie nos podrá hacer nada, ya sea porque nos pensamos que no hay nada, o bien, porque nos engañamos a nosotros mismos pensando que no pasará nada. Pero esto no es exactamente así, tal como ya hemos explicado cuando hemos hablado de los miedos.

Fuera de esta cueva es el único lugar donde podremos luchar por nuestros sueños, ya que allí es donde encontraremos a otras personas inquietas, donde encontraremos personas que nos podrán ayudar a hacer nuestro sueño realidad y donde también tendremos que ir a comunicar nuestro proyecto.

Y volviendo al mamut o *sapiens*. Si recuerdas, ya decíamos que el mamut no tenía ningún refugio donde esconderse de la oscuridad para después salir con más fuerza; en cambio, el *sapiens* sí lo tenía. Se encerraba dentro de la cueva para descansar, para huir de ciertos peligros, pero siempre volvía a salir de la cueva a cazar, a pasear o algo más sencillo, a vivir a plena luz del día.

Toda persona que se siente diferente, sea por motivos profesionales, personales o emocionales vive muchas veces escondida dentro de una cueva imaginaria que la limita pero que, sobre todo, no la deja luchar por sus retos, y es entonces cuando por sí misma tiene que dar el primer paso, es decir, empezar a hacer algo para salir.

Para aceptar la diferencia, hay que salir de la cueva.

¿Pero cómo se puede salir de la oscuridad de la cueva?

Me dediqué a reunirme con diferentes tipos de personas que habían salido de su oscuridad, sea un armario, sea una cueva, sea lo que sea, y entre todos ellos, encontré estos cinco convencimientos, que son sucesivos y acumulativos, para poder salir de esta oscuridad:

1. *El convencimiento de uno mismo.* No podremos hacer nunca «valorar nuestras opiniones» ni hacer que la gente «respete el valor de la diferencia que estamos buscando», si nosotros mismos no nos lo creemos y no lo defendemos con toda nuestra energía y pasión.

Si queremos realmente convertir nuestro sueño en proyecto, hemos de pasar a la acción y afrontar estos miedos y, por este motivo, tenemos que estar convencidos de nosotros mismos.

Si no estás convencido de ti mismo, tampoco convencerás a los otros.

Y volviendo al mamut y al *sapiens*: los dos buscaron excusas pero sólo uno dio un paso adelante, salió de la cueva para aceptar que afuera había mucho por hacer.

2. *El convencimiento del estilo de vida.* Es muy idílico poder hacer lo que te gusta y tener la suerte de poder luchar por aquello que quieres, pero el camino es muy duro y muy largo. Por eso, hay que ser consciente de que es necesario trabajar, ser constantes y mantener unos valores claves con el fin de llegar adonde has imaginado.

Cuando aceptas que eres diferente, lo eres 24 horas al día, 7 días a la semana y tantas semanas como tenga el año y tantos años como tengáis la suerte de vivir. Por lo tanto:

Te tienes que preparar para vivir diferente toda la vida.

Con eso no estoy en absoluto diciendo que todas las horas del día se tienen que pasar empezando cosas, convirtiendo ideas en proyectos, sino que si tu apuesta es luchar, arriesgar, divertirte... también tienes que buscar momentos de desconexión, de descanso, de relax, de familia, de amigos, ya que éstos son los que te darán la fuerza para seguir luchando fuerte.

3. *El convencimiento de que los inicios son muy duros.* Los principios son muy exigentes y es una cuestión que hay que tener muy asumida al empezar; es cuando el riesgo de echarse atrás es más elevado, ya que es cuando la gente te mira más con lupa y cuando tus propias defensas, tanto físicas como emocionales, corren más peligro de ser agredidas. Por eso hace falta ser consciente de que hay ciertos momentos en que tendrás que sacar energía y fuerzas de donde sea, pero para encontrarlas no hay que ir muy lejos a buscarlas, muchas veces las encontraremos en una cerveza con un amigo, en el abrazo de un familiar, en una canción o una foto. Por eso hay que tener presente que: *los inicios son duros, pero piensa que la llegada será más satisfactoria.*

4. *El convencimiento de creer que hay futuro.* Hace falta estar convencido de que este camino iniciado tiene un futuro y que irá cambiando y cogiendo forma a medida que todo va avanzando, a que todo se va normalizando. Entonces probablemente aquellos que te etiquetaban de irresponsable o aquellos que no te entendían, empezarán a bajar la voz y ya no criticarán tanto.

Aun así, también tendrás momentos donde todo aquello que has soñado y que estás arriesgando, parece que no tenga futuro y que la decisión haya sido un error. Cuenta con esto, pues seguro que te pasará. Cuando te pase, en momentos así es mejor desconectar y volver al cabo de un rato, entonces verás cómo *si el sueño tiene futuro, sólo hay que hacer un paso atrás para coger fuerzas.*

5. *El convencimiento de que el valor no es monetario.* Personalmente considero indispensable, clave y vertebrador el hecho de ser consciente de que la percepción de valor no viene dada por los beneficios económicos, sino por la capacidad de «tocar con los dedos los sueños» y de buscar «la aportación de valor global en todo aquello que hace».

Evidentemente los resultados económicos tendrán que venir, serán grandes o pequeños, nos hipotecaremos más o menos, dormiremos más o menos..., pero siempre vendrán después de aportar valor, es decir, de solucionar algún problema o satisfacer alguna necesidad. Por eso hay que recordar siempre que *la obsesión por obtener ganancias económicas demasiado rápido es perjudicial.*

Por lo tanto, una vez vistos los cinco convencimientos, podemos concluir que las cosas pueden ser diferentes de lo normal, pueden querer crecer orientándose hacia el sol o hacia la sombra, pero siempre tenemos que tener presente que lo más importante es aceptar esta diferencia como tal.

Si volvemos a la cueva y a los *sapiens*, veremos claramente que le llegó un día en que fue consciente de que tenía que vivir diferente y que se tenía que transformar, que tenía que salir de la cueva y apostar por una vida llena de cambios, de evoluciones y nuevos retos que le permitirían seguir apostando por un futuro mejor del que tenía en aquel momento.

Deberes de trabajo personal:

- Ser diferente no es malo.
- La diferencia queda normalizada cuando convives con diferentes.
- El primero que se tiene que aceptar como diferente, eres tú mismo.
- Para aceptar la diferencia hay que salir de la cueva.

El cambio

Quien pretenda una felicidad y sabiduría constantes se tiene que acomodar a frecuentes cambios.

Confucio

En general, cuando se habla de cambio, se tiende a asociar claramente la idea de coger una cosa para dejar otra, es decir, dejar un coche viejo para coger otro; comprar una casa y dejar el piso; cambiar de región donde pacer como hacían los mamuts o, hablando de los *sapiens*, cambiar una cueva por otra. Es decir, *el cambio es un acto sustitutorio.*

Pero también es cierto que a veces aparece el cambio en nuestra vida sin que lo hayamos sustituido por nada, ya que viene provocado por una transformación de lo que ya tenemos. Esta transformación puede ser muy acentuada y puede llegar a producir una cierta metamorfosis, que al fin y al cabo es una transformación muy exagerada debido a que se producen grandes cambios estructurales.

Un ejemplo así lo podemos encontrar en los *sapiens*. Únicamente hay que pensar en la famosa gráfica de la evolución de la especie, que va desde los australopitecos hasta los actuales Homo *sapiens*, donde queda reflejada a simple vista la transformación vivida y ocasionada muchas veces por los cambios del entorno y la necesidad de supervivencia.

Pero las personas que tienen inquietudes y sueños tienen que ser conscientes de que ese cambio ha venido a sus vidas para quedarse y, por lo tanto, tienen que aceptarlo, pero sobre todo tienen que ver cómo les puede ayudar a mejorar su calidad de vida y cómo puede facilitar la consecución de sus objetivos.

Por lo tanto, hasta ahora hemos visto que el cambio es reactivo y la transformación proactiva, es decir: *el cambio es aquello que viene y la transformación es aquello que tú haces con este cambio.*

Una vez hemos aceptado que el cambio ha venido para quedarse y que tenemos que aprovecharlo para transformarnos, hace falta que nos concienciemos de que esta transformación la tenemos que revertir hacia nuestro entorno, es decir, nos tiene que ayudar a transformar el entorno para que se adapte a nosotros. Por eso hay que tener presente que *la transformación del medio empieza con nuestra transformación.*

Cuando llegamos a este punto de transformarnos nosotros mismos, es cuando toma fuerza la buena gestión de las cuatro inquietudes de las que venimos hablando.

Hemos hablado de la inquietud de «quién soy» y ahora veremos cómo la necesidad de conocernos bien es la base para saber «de dónde venimos» y sobre todo, hacerlo compatible con «adónde queremos ir», es decir: *hace falta que nos transformemos para llegar a aquello que hemos soñado.*

Posteriormente veremos cómo el cambio de la zona de confort nos comporta también un proceso de mejora y transformación. Las nuevas zonas de confort nos hacen asumir nuevas competencias, nuevas habilidades, etc. Entonces os daréis cuenta de que *una nueva zona de confort es también un cambio y nos provoca un nuevo confort.*

La tercera inquietud que hemos explicado son los miedos y aquí volvemos a encontrar un ejemplo de que si bien gestionar estas inquietudes implica un cambio, gestionar estos miedos implica algo más: *gestionar el miedo implica cambiar nuestra percepción hacia los problemas.*

Y una vez superado el miedo es cuando tenemos la aceptación de la diferencia, es decir, salir de la cueva. Y eso también es un cambio, ya que *salir de la cueva implica un cambio de luz: oscuridad y claridad.*

Hasta aquí hemos comentado temas que hemos tenido que aceptar como cambio y, ahora, a partir de esta inquietud nos tenemos que concienciar de que hay que hacer algo con todas las inquietudes: *hay que aprovechar el cambio de todas las inquietudes para transformarnos.*

Todo lo visto en este capítulo es algo que nos ocurre cotidianamente y lo único que tenemos que hacer es interiorizarlo, al igual que hizo el mamut o el *sapiens*. El mamut aceptó todos los cambios que había en su entorno pero su capacidad de transformarse fue muy pequeña y eso le dificultó la supervivencia. Por ejemplo, ciertos estudios científicos explican que el mamut fue capaz de reducir su tamaño físico, peso y volumen, con el fin de poder subir más fácilmente las montañas en la época de los glaciares, pero no fue suficiente.

Por el contrario, el *sapiens*, supo aceptar todos los cambios a que le conducía su entorno y sobre todo, asumió este cambio de una manera inteligente, lo que le permitió transformarse, y a partir de esta transformación, transformó el medio para que éste se adaptase a él.

Muchas personas actúan con una actitud mamut, es decir, piensan que el cambio es demasiado fuerte y se dicen: «yo no podré hacer nada», y entonces todo seguirá igual, pero en el fondo lo hacen por dos motivos. Primero porque no han interiorizado las anteriores inquietudes comentadas y segundo porque piensan que no se puede aprender. Y eso es totalmente falso.

Las 10 inquietudes

La capacidad de transformación se puede entrenar. La actitud de ir tras los propios sueños para hacerlos realidad es una actitud transformadora que se puede entrenar, y sólo hay que tener en cuenta dos cosas:

- Hay que tener muchas ganas de quererlo aprender.
- Hay que tener buenas personas que te acompañen en este proceso.

Sin duda, transformarse no es fácil, sin embargo: *si no te transformas tú, alguien te transformará hacia donde tú no quieras.*
O sea, sólo depende de una sola cosa: DE TI.

Deberes de trabajo personal:

- Entrena la capacidad de transformación.
- El cambio es un acto sustitutorio.
- El cambio es aquello que viene y la transformación es lo que tú haces con este cambio.
- La transformación del medio empieza con nuestra transformación.
- Hay que aprovechar el cambio de todas las inquietudes para transformarnos.

La comunicación

> *Cuando hables, intenta que tus palabras sean mejores que tu silencio.*
>
> (Proverbio indio)

Uno de los aspectos que acostumbra a preocupar más a las personas inquietas es cómo poder explicar en su entorno no únicamente que quieren luchar por su sueño, sino también su proyecto, sus sentimientos y sus dudas de una manera que lo entiendan, dicho de otra forma, de una manera que lo expongan correctamente.

Normalmente cuando se está en este proceso de iniciar proyectos, se produce una dualidad muy fuerte entre aquello que el corazón quiere decir y aquello que el cerebro cree que se tiene que hacer, y claro está, cuando eso pasa surgen diferentes maneras de explicar lo mismo, con lo que entonces aparecen las dudas, el miedo, la timidez y la falta de confianza. Por eso: *es necesario que el corazón y el cerebro se entiendan cuando hablen.*

Una de las pocas diferencias entre las personas que tienen ganas de hacer y todavía no han hecho, las que ya han hecho y aquellas que ya están haciendo es el dominio de esta capacidad de saberse comunicar.

Cuando hablamos de comunicación, todos sabemos que es un proceso en el que encontraremos un emisor, un canal, un código, un mensaje y, sobre todo, un *feedback*, o lo que es lo mismo, una retroalimentación, que es de vital importancia. Aunque es una de las actividades más difíciles de saber hacer y, sobre todo, también de saber encajar.

Saberse comunicar es muy importante, pues si mejoramos esta habilidad podremos alinear mucho mejor lo que nuestro corazón siente y lo que nuestro cerebro quiere.

¿Y cuáles son las dos grandes cosas que tenemos que saber comunicar?: que queremos vivir diferente y en qué consiste nuestro proyecto.

Como ya hemos hablado en el capítulo de la diferencia, el primer problema que acostumbran a tener las personas inquietas es poder explicar en su entorno que tienen ganas de hacer cosas diferentes, ya que cuando eso se hace el entorno lo percibe como extraño.

Para que no lo perciban como extraño, lo que podemos hacer es explicarlo de una manera mucho más clara, con pocas palabras y, sobre todo, de una forma muy concisa. Para hacerlo es preciso:

— Buscar una adecuada combinación «espacio-tiempo» donde se pueda hablar con toda la tranquilidad del mundo y la transparencia necesaria. Es decir, nada de hacerlo en el trabajo, nada de hacerlo en el despacho, nada de hacerlo en el coche... Por ejemplo, ¿os imagináis un mamut diciéndole a otro a ver cómo pueden huir de la cacería justo cuando están siendo atacados por los *sapiens*? El momento espacio-tiempo no es correcto, ¿verdad?

— Hace falta analizar exactamente qué información

se quiere dar, porque si no lo hacemos, cuando empecemos a hablar, correremos el riesgo de ponernos nerviosos y entonces nos explicaremos mal, diremos cosas que no queremos decir y lo diremos con un tono erróneo que todavía nos complicará más la situación y las posibles consecuencias.

- Definir el tipo de *feedback* que esperamos, ya que depende de nuestro interlocutor el que nos dé una respuesta u otra. Por ejemplo, cuando se lo explicas a los padres normalmente buscas una confirmación de apoyo, pero si se lo cuentas a un experto en la materia, le pides consejo.
- Expresar los sentimientos es una de las cosas que más les cuesta a las personas, pero cuando se trata de nuestras decisiones hay que hacerlo, y más si queremos que nuestro entorno las acepte. Cuando hablamos de sentimientos me refiero a todos, los de alegría, de ilusiones, de miedos, de fracasos y todo lo que nos provoca un movimiento en nuestro interior.

Si somos capaces de encontrar este espacio donde poder comunicarnos de una forma mucho más eficiente con nuestro entorno, veremos cómo todas aquellas percepciones de incomprensión que tenemos, todas esas dudas que se nos originan o aquel miedo a que nos llamen loco, normalmente no son tan importantes como nos pensamos.

Sólo entonces hay que concienciarse de que: *si te tie-*

nen que llamar loco, al menos que sea después de haberte explicado. Es decir, es preciso que aquellas personas a quienes se lo has contado lo hayan entendido, aunque quizás no lo compartan. Después te llamarán loco, pero no porque no te hayan entendido, sino porque ellos no se ven capaces de hacerlo.

El segundo reto más importante en el ámbito de la comunicación que tienen las personas inquietas cuando quieren hacer algo es que no saben explicar su reto de una manera fácil, sencilla y, sobre todo, breve. Una persona con su reto en marcha es una persona que normalmente vive muy emocionada e incluso acelerada y esta aceleración hace que:

- Hable demasiado rápido y entonces la gente no la entiende.
- Se mueva demasiado y la gente no sepa adónde mirar.
- Se alargue demasiado y entonces la gente se canse.
- Utilice un lenguaje demasiado extraño con el que los otros se pierden.
- No quiera perder el tiempo y colapse a su entorno.

Esto nos acostumbra a pasar a todos, es una cuestión que se debe trabajar sin que nos alarmemos más de la cuenta por dos motivos. Primero porque este problema de comunicación lo tiene todo el mundo y segundo porque se trata de algo que se puede entrenar y, por lo tanto, se puede aprender.

Así que cuando quieras explicar en tu entorno cuál es tu reto, sueño o proyecto, intenta:

- Hablar despacio y, si te cuesta, a medida que vayas hablando, deja espacios de silencio para que vuestro interlocutor pueda asimilar lo que estás diciendo.
- Evita moverte demasiado y busca objetos que te ayuden a estar más tranquilo. Piensa que tu cuerpo también habla y da mensajes.
- Trata de sintetizar mucho el mensaje para que sea breve y sencillo.
- Utiliza un lenguaje que entienda todo el mundo, sea catedrático, empresario o cualquier persona que encuentres por la calle. Busca un lenguaje de partida más universal y más coloquial.
- Ajusta tu tiempo al tiempo que te ofrezca la persona que te escucha.

Si eres capaz de hacer todo esto cuando expliques tu proyecto, verás cómo aquel sueño que tienes o aquel proyecto que estás sacando adelante, la gente lo entiende. Por eso: *utiliza un lenguaje más universal cuando explicas tus retos.*

Si extrapolamos todo esto a los mamuts y a los *sapiens* veremos otra vez que los dos vivían en comunidad y, por lo tanto, tenían una fuerte necesidad de comunicación, ya que una comunidad sin comunicación es un conjunto de objetos. Ellos como todos los seres vivos

Las 10 inquietudes

que vivimos en comunidad necesitamos la comunicación, sea oral, corporal, escrita, con pinturas, o incluso, con herramientas tecnológicas como las redes sociales o la telefonía móvil.

Por lo tanto, *si te cuesta comunicar, recuerda que si quieres, lo puedes aprender.*

Deberes de trabajo personal:

- Trata de que tu corazón y tu cerebro se entiendan cuando hablen.
- Aprende a comunicar que quieres vivir diferente y practica el modo en que explicarás cuál es tu sueño.
- Si te tienen que decir loco, que sea al menos después de haberte explicado.
- Utiliza un lenguaje universal cuando expliques tus retos.
- Si te cuesta comunicar, recuerda que si quieres lo puedes aprender.

El tempo

El tiempo es el mejor autor,
pues siempre encuentra el final perfecto.

CHARLES CHAPLIN

Cuando escuchamos hablar a personas relacionadas con la música clásica, normalmente nos inspiran calma, armonía, serenidad y, sobre todo, una forma de ver la vida con un «tempo especial». Son personas que saben que para conseguir que aquella música suene perfecta, hacen falta muchas horas de trabajo, mucho esfuerzo, mucho perfeccionismo y, sobre todo, una gestión adecuada del tempo, es decir, que todo tenga la duración necesaria, y sobre todo un ritmo adecuado.

Si este tempo lo traspasamos a la naturaleza veremos cómo, por ejemplo, el embarazo de una mamut hembra tenía una duración aproximada de 22 meses y los de una persona como nosotros, un *sapiens*, una duración de 9 meses. Esto nos permite darnos cuenta de que cada uno y cada cosa tiene su tempo.

Si un mamut o un *sapiens* nacen unos meses antes de los que marca su tempo, puede ser que nazcan con problemas, ya que su proceso de crecimiento no está finalizado, pero por el contrario, si se produce más adelante de los 22 o de los 9 meses respectivamente, corren también un riesgo importante. Por eso hay que recordar siempre que *todo en este mundo tiene su tempo necesario*.

Si vamos a avanzar con la idea del tempo, nos encontraremos cuatro conceptos que son básicos para su gestión. Estos son: duración, ritmo, individuo y entorno.

Toda conversión de una idea o implantación de un proyecto tiene una duración determinada dependiendo de la envergadura del reto, es decir: *cada reto tiene una duración estimada que hay que aceptar.*

Cuando ya hemos interiorizado que este proceso tiene una duración determinada, hace falta que nos concienciemos que todo necesita su ritmo y su constancia, es decir: *se tiene que mantener un ritmo adecuado.*

Una vez tenemos asumido que todo tempo tiene una duración y un ritmo, hay que plantearse que no todas las personas tienen el mismo tempo, ya que una persona para hacer una tarea necesita un determinado tempo, pero otra puede necesitar más o menos, es decir: toda relación entre el tempo y una persona suele ser diferente.

Y para acabar, como último condicionante, el entorno, ya que como decíamos en páginas anteriores, las personas somos seres sociales y aparte de relacionarnos con otras personas, nos relacionamos con el entorno y por lo tanto, este nos influencia.

Lo veremos de una manera muy sencilla: no es lo mismo una carrera de 5 km en el Sáhara que en Siberia.

Si tomamos pues estos cuatro conceptos que hemos comentado anteriormente: duración, ritmo, individuo y entorno, veremos que pueden salir tantas combinaciones como personas o sueños encontramos, y en el fondo, esta es la grandeza y la dificultad de luchar por nuestros sueños. Es decir: *no hay una fórmula única para calcular el tempo de los retos.*

Si todo esto lo relacionamos con las personas inquietas, ¿con qué nos encontraremos?

Veremos que una de las inquietudes más complejas de valorar cuando una persona se atreve a luchar por su reto es aceptar que todo tiene su tempo y *un buen tempo tiene una duración y un ritmo, dependiendo del individuo y del entorno.*

Aplicar el tempo a nuestros sueños y equilibrar las inquietudes quiere decir:

- Que tengamos presente que el tiempo utilizado en convertir una idea en un proyecto es muy largo, peor aún es más largo y más duradero vivir sabiendo que no se ha hecho nada y no lo has intentado.
- Que no es bueno vivir demasiado rápido, hay que aprender a moderar el ritmo de las cosas, ya que cuando vamos tan rápido, nos perdemos muchas cosas.
- Que cada persona tiene su tempo y que tenemos que aceptarlo, lo compartamos o no.
- Que el entorno es muy importante, porque su incidencia provoca, también, que todos los puntos anteriores cambien.

Una de las lecciones más importantes que he tenido y que más me ha costado entender, al igual que muchas personas, es la gestión de este tempo, ya que es de vital importancia para la consecución de nuestros retos, sean personales o profesionales.

Esta gestión del tempo tiene dos connotaciones con componentes peligrosos y que son de vital importancia saber gestionar:

El tempo ralentizado: un tempo más lento de lo que el proyecto necesita es perjudicial, ya que queda por debajo de las expectativas y, sobre todo, deja recursos como no utilizados y, por lo tanto, al final, lo retrasa y aquella ilusión se acaba diluyendo.

El tempo acelerado: lo único que se conseguirá así es incrementar el nerviosismo, y provocará que todas las piezas de la maquinaria vayan funcionando hasta un día en que alguna pieza falle y entonces la maquinaria deje de funcionar correctamente.

Alcanzar un tempo correcto y adecuado no es en absoluto fácil pero para conseguirlo es necesario:

- Saber observar nuestro entorno.
- Saber buscar tiempo para pensar.
- Saber determinar las decisiones de acción y reacción adecuadas.

Y si lo analizamos al detalle y lo relacionamos con todo lo que hemos estado comentando hasta ahora sobre los mamuts, los *sapiens* y el entorno, veremos cómo todo lo explicado tiene todavía más sentido, ya que *la transformación requiere siempre un tempo especial.*

Por lo tanto, recuerda siempre que la gestión de este tempo tiene que parecer música con armonía, serenidad y, sobre todo, que te inspire a sacar adelante los retos que tenemos dentro, sea lo que sea.

Deberes de trabajo personal:

- Todo en este mundo tiene su tempo necesario.
- Cada reto tiene una duración estimada que hay que aceptar.
- Un buen tempo tiene una duración y un ritmo, dependiendo del individuo y del entorno.
- La transformación requiere siempre un tempo especial.

La conciliación

> *Por desgracia utilizo las cosas según me dice mi pasión.*
>
> Pablo Picasso

Una de las preocupaciones más habituales de las personas, sean emprendedoras o no, sean inquietas o no, sean mamut o *sapiens*, es pensar cómo conciliar su vida personal con su dedicación profesional, siendo esta conciliación necesaria pero no suficiente.

Esta complejidad es difícil de gestionar ya que muchas veces, por ejemplo, tenemos que: viajar y dejar lejos a la familia; salir temprano de casa y llegar cuando los niños ya duermen; dedicar menos horas a los hijos de las que necesitan; conseguir ser trabajadora, ejecutiva y madre a la vez; trabajar en fines de semana y seguir viendo a los amigos; compaginar la pareja y el trabajo en días festivos... y así, un largo etcétera.

Compaginar trabajo y vida personal es muy complejo, pero hay otro punto de vista mucho más importante que acostumbramos a dejar aparcado y que tiene mucha relación con nuestra infancia y el crecimiento como personas adultas.

De pequeños nos han educado tanto en casa como en la escuela, a cumplir con nuestras obligaciones, cómo lavarnos los dientes, hacer los deberes, arreglar la habitación, ordenar los juegos, ir a actividades extraescolares, entre otras muchas más.

Cuando nos hacemos mayores y entramos en el mundo laboral, estas obligaciones son sustituidas en gran parte por otras, como pagar la hipoteca, ir a trabajar, casarse, tener hijos, llevarles a la escuela y también con otra larga lista.

No digo en absoluto que estas obligaciones no sean necesarias, ya que lo son, pero al igual que planificamos todo lo que nos toca hacer, hace falta ir un paso más adelante y planificar también lo que nos gusta hacer, es decir, «nuestra devoción». Por eso: *la mejor conciliación es entre las obligaciones y las devociones.*

Es decir, hace falta crear como una segunda vida, una *Second life* donde se pueda dedicar un espacio y un tiempo para hacer todo lo que realmente nos motiva, nos ilusiona y en el fondo, nos dibuja una sonrisa cuando lo hacemos o cuando se lo explicamos a alguien.

Pero si te paras a pensar, encontrarás un hecho muy

importante que normalmente la gente no se detiene a reflexionar: *muchas obligaciones eran devoción en su origen y hemos dejado de tratarlas como devoción.*

Si lo analizas, verás cómo muchas de las cosas que han ido a parar a nuestras obligaciones, muchas veces provienen del mundo de la devoción, es decir, nacieron dentro de nosotros desde la emoción y ahora están ubicadas en el mundo de las obligaciones, y eso es un error muy grave.

Este proceso de desorden se originó en la infancia, y a medida que vamos creciendo, se nos va coartando la libertad y la creatividad, dejando en el margen todo aquello que nos motiva y que, en el fondo, nos lo hace pasar bien.

Por eso hay que aprender a organizar aquello que nos divierte: hay que organizar una *Second life* con nuestras devociones. Un ejemplo de organización de *Second life*, muy personal pero que se da en casi todas las personas, es el mundo de la pareja.

Un día paseando por la calle, bailando en una discoteca o comprando en una tienda, aparece delante de nosotros una persona que nos hace tambalear, o incluso, nos hace perder un poco el norte. Al cabo de unos momentos, minutos, horas, días o meses, puede ser que aquel impacto se convierta en algo más estable, como una relación de pareja. Pasan los días, los meses y los años, y aquella pasión inicial que motiva a los dos se va apagando, va disminuyendo. Muchas veces debido a que las obligaciones cotidianas van arrinconando aquella pasión inicial, cuando esto no tendría que ser así.

A medida que la relación de pareja avanza y llegan los niños, el tema se complica mucho más y entonces, la mayoría de parejas dicen que ya no tienen tiempo para ellos y por lo tanto, ven el mundo sólo desde las obligaciones y con poca devoción.

A largo plazo todo esto acaba penalizando a la pareja, muchas de ellas se acaban rompiendo y otros aguantan. Sin embargo, si les preguntamos ¿cuál fue el último día que fuisteis a cenar solos?, nos encontraremos con la sorpresa de que muchas de ellas no sabrán responder. Por eso hace falta que asignemos un espacio en nuestra vida para mantener la llama de la devoción, y al igual que somos capaces de pagar mucho dinero por un producto, podemos destinarlo al canguro de los niños una vez a la semana o al mes para así mantener la llama, la pasión y la devoción por nuestra pareja.

Si todo esto lo extrapolamos a las devociones, a las inquietudes y a las personas emprendedoras veremos que cuando una persona hace aquello que le gusta realmente, es cuando dedica más horas, es cuando se esfuerza más, es cuando se levanta más rápido si se cae, es cuando arriesga más... hace todo eso que al fin y al cabo le ayudará a activar sus inquietudes con el fin de hacer realidad sus sueños.

Y sobre todo, hay que recordar siempre que: *el talento de las personas sale de su devoción.*

Para ver cómo realmente esto se cumple, te propongo que hagas el ejercicio de observar a la gente feliz, la gente exitosa o la gente que arriesga y compruebes que cuando se les ve felices es porque en el fondo hacen de su devoción su principal función.

Gestionar nuestra *Second life*, es decir, equilibrar «nuestras obligaciones con nuestras devociones», implica hacer un trabajo continuado, pero que podemos empezarlo de una forma muy sencilla. Cogiendo un bolígrafo y un donde escribir para empezar a anotar:

1. Una lista de todas las obligaciones que tienes que hacer cada día.
2. Una lista de todas las devociones que estás haciendo cada día.
3. Una lista de toda las devociones que todavía no estás haciendo.
4. Analizar cuántas de estas obligaciones provienen de la devoción.

Y como hicimos cuando hablamos de «Quién soy», hace falta aplicar las 5 «pes»: parar, pensar, priorizar, programa, producir.

De esta manera y solamente con esta metodología tan sencilla, pondrás en valor toda tu devoción y le darás la misma importancia que le das a las obligaciones.

Si eres capaz de equilibrar tus obligaciones con tus devociones, verás cómo tu día a día será más liviano, pues sabrás que en lo que queda de día, podrás disfrutar de algunas de tus devociones.

Por lo tanto, si se potencian las devociones y se gestionan mejor las obligaciones, puede suceder un hecho especial y es que: *tus devociones crecerán más que tus obligaciones.*

Si eso llegar a pasar no es en absoluto un problema, sino al contrario, tu vida tendrá obligaciones pero las devociones serán mucho más fuertes y entonces tu trabajo puede llegar a ser tu devoción, al igual que puede pasar con un músico, un artista o cualquier otra persona que está convirtiendo en realidad su sueño.

No estoy diciendo en absoluto que en esta vida no haya de haber obligaciones, pero sí que hay que arriesgar, luchar, esforzarnos para dedicar un espacio de tiempo muy importante a hacer lo que nos gusta hacer.

Esta capacidad de organizarnos la vida entre obligaciones y devociones, la podemos encontrar con la metáfora de los mamuts y de los *sapiens*. La actitud mamut hará que nos conformemos con lo que tenemos; por el contrario, la actitud *sapiens*, hará que nos esforcemos y tratemos de adaptar este entorno para colocar más devociones.

Por lo tanto: *no dejes que tu día a día se coma tus devociones.*

Siempre tendremos una *First life* y una *Second life*, pero depende de nosotros escoger cuántas obligaciones y cuántas devociones ponemos en cada lugar, pues apostar por la devoción siempre es posible.

Deberes de trabajo personal:

- Conciliar entre las obligaciones y las devociones.
- Muchas obligaciones en su origen eran devoción y hemos dejado de tratarlas como tal devoción.
- El talento de las personas surge de su devoción.
- Tus devociones tienen que crecer más que tus obligaciones.
- No dejes que tu día a día se coma tus devociones.

El riesgo

> *El gran amor y los grandes objetivos necesitan grandes riesgos.*
>
> DALAI LAMA

Otra de las medias verdades que se comentan sobre las personas que arriesgan y emprenden nuevos retos es que no tienen miedo al riesgo. Pero esto no es del todo cierto, pues la gestión de este riesgo preocupa a todo el mundo, vivan con actitud mamut o actitud *sapiens*.

Emprender implica tomar riesgos, pero evidentemente, hay que tener presente que se tienen que saber gestionar estos riesgos, porque los hay.

Es posible pensar que el 100% del control de riesgos es imposible, y es cierto, pero si nos pasamos la vida quietos y analizando los posibles riesgos de cualquiera de nuestras decisiones, veremos cómo *el principal riesgo es no arriesgar.*

Es decir, no tomar riesgos, vivir quietos y sin hacer nada, es vivir con actitud mamut y como todos sabéis, éstos se extinguieron. Por eso hay que ver la vida con actitud *sapiens* y con capacidad de transformarse.

Hay que tener siempre presente que es necesario saber gestionar los riesgos porque lo peor que podemos hacer es no atrevernos a hacer lo que nos motiva, aquello que nos hace soñar o aquello que nos hace estremecer por dentro.

Arriesgar implica que nos tenemos que atrever a hacer aquello que nos gusta y como también hemos dicho, atreverse no es fácil, por eso hemos ido hablando durante estos últimos capítulos de cómo poder gestionar nuestras inquietudes y de cómo podemos arriesgarnos a hacer lo que nos gusta. Por eso *hace falta que nos arriesguemos a arriesgarnos y para eso hace falta atrevimiento.*

¿Cómo hacerlo?

- Tratando de conocernos mejor.
- Cambiando de zona de confort más a menudo de lo que lo hacemos ahora.
- Esforzándonos en encarar nuestros miedos.
- Aceptando que somos diferentes y sabiendo defender esa diferencia.
- Aprovechando el cambio para transformarnos.
- Aprendiendo a comunicarnos con el entorno.
- Calculando los tiempos ideales de las cosas.

- Ponderando obligaciones con devoción.
- Atreviéndonos a arriesgar.

No son fórmulas mágicas porque incluso la magia necesita preparación, simplemente esperamos que sean pautas para activar las inquietudes que tenéis para luchar por esos sueños que os hacen sentir cosquilleos en vuestro interior.

Hoy, cuando acabéis de leer el libro; mañana, cuando estéis con un amigo o de aquí a unos meses cuando hayáis decidido empezar a arriesgar, recordar siempre que: *en un mundo tan cambiante, el principal riesgo es quedarse igual.*

Deberes de trabajo personal:

- Gestiona los riesgos.
- El principal riesgo es no arriesgar.
- Hace falta que nos arriesguemos a arriesgarnos y para eso hace falta atrevimiento.
- En un mundo tan cambiante el principal riesgo es quedarse igual.

El fracaso

El fracaso es una gran oportunidad de volver a empezar con más inteligencia.

HENRY FORD

La inquietud que más acostumbra a preocupar a las personas inquietas suele ser «la aceptación y la gestión del fracaso». Por eso y debido a la importancia que puede representar en las personas inquietas, le dedicamos la última de las inquietudes.

Por norma general, a todas las personas nos cuesta aceptar el fracaso cuando entra por la puerta de casa. Y cuando lo hace, muchas veces lo intentamos esconder para no mostrar al exterior nuestras debilidades o nuestros miedos, como ya hemos hablado anteriormente.

En este proceso de aceptación del fracaso, hay que aprender a diferenciar dos conceptos que pueden ser muy similares, pero que realmente difieren mucho en un punto: *el fracaso y la frustración son dos cosas diferentes.*

El fracaso es algo importante que habíamos pensado y planificado pero que realmente, por cualquier motivo, no acaba sucediendo tal como nos lo habíamos imaginado. Es decir, es algo que intentas pero que no llegas a conseguir, aunque estés poniendo toda la energía en la acción para alcanzarlo.

La frustración viene de dejar sin efecto algo que querías hacer, es decir, algo que tienes en mente pero que por cualquier motivo, no lo intentas. Dicho en otras palabras, es lo contrario a la acción, es la inacción.

El hecho de fracasar comporta una acción previa y, por lo tanto, tienes la opción de aprender de tus errores para que no se vuelvan a repetir; por el contrario, cuando te frustras, tomas una decisión pero normalmente no actúas, te activas menos y, por lo tanto, el aprendizaje es mucho menor.

Es por eso que decimos que:

- *La frustración viene de la no acción.*
- *Fracasar no es malo, lo malo es no aprender de los fracasos.*

Si lo miramos desde otro punto de vista, se comprueba que normalmente las personas que no actúan acostumbran a esperar que aquello pase por sí sólo. A veces no saben cómo hacerlo o a veces tienen una capacidad innata impresionante de buscar excusas. Pero lo más preocupante es que no saben activar sus inquietudes. Por lo tanto, las podríamos clasificar como personas con actitud mamut.

Por el contrario, si miramos a las personas que han fracasado y que han aprendido de sus fracasos, veremos como un hecho común entre todas ellas que siempre han encarado sus miedos, sus problemas y sus fracasos desde un punto de vista muy positivo y muy transformador de ellos mismos, es decir, han aprendido y se lo han sabido aplicar a sí mismos. Dicho de otra manera, se han transformado gracias a su actitud *sapiens*.

Una vez las personas ya tenemos aceptado el fracaso y hemos asumido que tiene que formar parte de nuestra vida, sea personal o profesional, es cuando entra en juego la gestión de este fracaso, es decir, cómo convivir con él. Para profundizar en la gestión del fracaso, primero de todo sería bueno que nos preguntáramos durante cinco minutos:

¿Cuáles son las dos diferencias entre el error y el fracaso?

Todas las personas cometemos errores y normalmente, con más o menos dificultad acostumbramos a aceptarlos porque para nosotros es más fácil. Nos podemos equivocar cuando vamos en coche, cuando marcamos un número de teléfono, cuando enviamos un correo electrónico, cuando nos confundimos de nombre, cuando hablamos con alguien... y así hasta un largo etcétera.

Por otra parte, todas las personas hemos sufrido fracasos, sean emocionales, profesionales, de estudios o de cualquier otro tipo, pero a diferencia de los errores, no somos capaces de verbalizarlos ni superarlos con la misma facilidad, y aquí está donde nos tenemos que focalizar y donde entran en juego las dos principales diferencias entre el error y el fracaso, que son: la percepción de tamaño y el método de aprendizaje.

La percepción de tamaño provoca que un error se considere algo mucho más pequeño, su impacto emocional es mucho más leve y, por lo tanto, lo verbalizamos con más facilidad. Por el contrario, un fracaso es algo mucho mayor, trastoca con más fuerza nuestras emociones y, por lo tanto, lo acostumbramos a meter bajo el iceberg al igual que con los miedos.

Cuando hablamos de errores, normalmente pensamos siempre en unas medidas de corrección para que aquel error no se vuelva a repetir, es decir, consciente o inconscientemente acostumbramos a aplicar un método que nos facilita la gestión de este error en un futuro para que no se vuelva a repetir. Pensemos por ejemplo en cómo actuamos delante de ese niño pequeño que cuando cuenta caramelos nos dice que hay tres aunque hay cuatro, o cuando nos equivocamos de número de móvil cómo sabemos dónde ir a encontrar el correcto o incluso o cómo, cuando vamos en coche y con el GPS activado, automáticamente nos corrige el camino si no le hacemos caso.

Por todo eso, hace falta que seamos conscientes siempre de que un fracaso es algo que entra por la puerta de nuestra casa, pero que lo primero que tenemos que hacer es *interiorizar el fracaso dentro de nuestra estrategia personal.*

No estoy diciendo en absoluto que nos dediquemos a fracasar o que el fracaso sea maravilloso. Solamente intento transmitir que al igual que hablamos de nuestros éxitos, de nuestro día a día, de lo que vemos en los medios de comunicación, también tenemos que poder verbalizar nuestros fracasos de una manera natural y transparente.

Decir esto es sencillo, ¿pero cómo hacerlo? Pues haciendo nuestro «currículum fracasional». Puede sonar extraño hablar de este concepto inexistente en ningún diccionario de la lengua, pero surgió tras hacer dos reflexiones junto a Marta Cailà —la directora del programa *Via lliure* («Vía libre») de la emisora Rac1, programa donde tengo la suerte de colaborar en la sección «La suerte del fracaso»:

- El currículum convencional sólo es de aciertos.
- Listar los fracasos nos ayuda a reflexionar.

Casi todas las personas hemos tenido que hacer en algún momento u otro de nuestra vida, un currículum profesional, ya sea para acceder a un trabajo, para entrar en un proceso de formación o para crearnos un perfil en algunas de las redes sociales.

En estos casos siempre se nos pide que anotemos los datos personales, datos de estudios, datos de trabajo, otras aficiones, etc., pero no hay ningún lugar donde anotar nuestros fracasos. Este punto nos hizo pensar mucho y por eso surgió el concepto del «CV fracasional». *El currículum fracasional es una herramienta que nos permite analizar y aprender de nuestros fracasos.*

Hacerlo es muy sencillo y sólo hace falta coger un papel en blanco y empezar.

En la parte superior del documento anota «Situación actual», todo lo que tienes ahora y de lo que estás orgulloso, sea a nivel personal o a nivel profesional.

En la parte inferior divide la página en cuatro grandes bloques donde ir anotando:

1.ª columna: año aproximado en que se produjo aquel fracaso. Es importante que sepas identificar aproximadamente hacia qué año se produjo aquel fracaso, ya que viéndolo con objetividad y neutralidad te permitirá darte cuenta de muchas cosas que en su momento no fuiste capaz de ver.

2.ª columna: descripción del fracaso con pocas palabras, por ejemplo, no acceder a la universidad por malas notas, dejar el mundo del deporte, ruptura de una relación sentimental, pérdida de una amistad, cierre de una empresa, etc.
3.ª columna: los motivos que fueron los principales causantes de aquel fracaso, entendiendo que no es en absoluto un ejercicio fácil de hacer pero en este caso, siempre podemos ayudarnos de las personas de nuestro entorno para que nos ayuden.
4.ª columna: lo que aprendiste para que no se vuelva a repetir, como una elección demasiado precipitada, olvidar ciertas cosas de nuestro entorno, etc.

Cuando seamos capaces de aplicarnos este ejercicio del currículum fracasional, nos daremos cuenta de que estamos interiorizando que el fracaso forma parte de nuestro proceso vital y de que la capacidad de saber gestionar correctamente aquellos miedos y aquellas inquietudes que tenemos en nuestro interior, son más fáciles de llevar.

Si miramos detalladamente lo que hemos ido hablando del fracaso en estas últimas páginas, nos daremos cuenta de que es sólo listar nuestras acciones para ver cómo al final aprendemos, es decir, hay que aplicar un método.

La aplicación de un método implica inteligencia para aplicarlo y, sobre todo, persistencia en el esfuerzo al igual que hicieron los *sapiens* cuando descubrieron el fuego o construyeron las primeras armas: que al principio no funcionaban, pero a base de aprender consiguieron interiorizarlo.

Por lo tanto recuerda siempre: *sin fracaso no hay transformación.*

Deberes de trabajo personal:

- Interiorizar el fracaso dentro de nuestra estrategia personal.
- El fracaso y la frustración son dos cosas diferentes.
- La frustración viene de la no acción.
- Fracasar no es malo, lo malo es no aprender de los fracasos.
- El currículum fracasional es una herramienta que nos permite analizar y aprender de nuestros fracasos.

3

10 *sapiens*

En este capítulo he reunido a diez personas que me he encontrado por el camino y que me han marcado de alguna manera. Son ejemplos de personas que han sabido gestionar esa inquietud interior, lo que les ha llevado a hacer muchas cosas importantes. De mis encuentros con cada uno ellos, he extraído unas reflexiones que quiero compartir en este capítulo. Con cada uno de ellos trataré una de las diez inquietudes

Jordi Pujol - ¿Quién soy?

El primer proyecto que tiene que emprender un emprendedor es a sí mismo.

Todavía recuerdo como si fuera hoy mismo, cuando un día estando en mi piso en pleno mes de julio de 2009, decidí poner en marcha un reto personal que me tenía que permitir satisfacer una necesidad que tenía dentro de mí. *Quería aprender de los mejores y para eso me hacía falta irlos a buscar.*

Pensé en el proyecto durante unos días y al final aposté por hacer una lista de personas que para mí eran referentes, con el objetivo de conocerlas y poder encontrarme con ellas para hablar sobre temas que me inquietaban. El primero con el que quise contactar fue Jordi Pujol. Unas semanas después de hacer el contacto me llamó la responsable de su gabinete diciéndome que el ex presidente de la Generalitat de Cataluña me recibiría un día en su despacho.

Desde aquel 25 de septiembre del 2009 hasta hoy sigo ratificándome en la idea de que Jordi Pujol es un *sapiens*, que cumple perfectamente la primera inquietud de las personas, que es saber «quién soy».

Cuando mencionábamos la importancia de conocer perfectamente nuestro yo, veíamos que son muy importantes los siguientes puntos:

- El autorreconocimiento.
- Parar, pensar, priorizar, programar, producir.
- Fortaleza, debilidad, amenaza, oportunidad.
- Plan de acción.

Durante aquella hora que compartí con él en su despacho, Jordi Pujol me demostró que los tenía todos muy claros.

Es una persona que sabe perfectamente quién es él y lo más importante, conoce perfectamente el entorno en el que se mueve, es decir, conoce todos los pueblos del territorio; se preocupa por las personas; se interesa por las inquietudes de la gente y, sobre todo, utiliza el pasado como trampolín al futuro, aceptando todo lo positivo y lo menos positivo, con el fin de mejorar.

Con esta capacidad de conocerte a ti mismo y conocer el entorno donde te desenvuelves, te puedes permitir defender tus ideales, tus inquietudes, y sobre todo, activarte a hacer cosas para cambiar tu entorno. Dicho en otras palabras: *pasar a la acción*.

Jordi Pujol me dijo dos frases que me gustaron porque van en la línea de saber gestionar este autoanálisis:

- «Hace falta que cada uno defienda sus propios ideales, lo que cree que tiene que hacer en la vida. Tener ideales quiere decir tener opinión y, previamente, tener conocimiento de las cosas.»
- «Es importante conocer el contexto social, político, económico, religioso de los temas candentes que preocupan a la sociedad.»

Un tema que también él veía claramente es que realmente todos tenemos unos puntos débiles y unas fortalezas que hemos de saber gestionar adecuadamente, aceptando cuáles son las amenazas y, sobre todo, dónde tenemos oportunidades. Por eso me dijo: «Hace falta encontrar puntos de unión y consensuar estos ideales a fin de que el país no se resienta».

De la capacidad de saber encontrar estos puntos de

unión entre todos, es cuando se puede gestionar de una manera mucho más eficiente las potencialidades entre las competencias y el talento en todo lo que hacemos.

Seguimos hablando bastante rato y cuando me despedí, me dijo la siguiente frase que llevo siempre dentro: «La sociedad pide personas con visión, constancia, sentido del riesgo, liderazgo, capacidad para equivocarse y acertar y, sobre todo, determinación y orientación de resultados».

¿Y por qué la llevo siempre dentro? Pues porque en otras palabras nos estaba diciendo que necesitamos más *sapiens* en nuestra sociedad, porque los mamuts ya no están entre nosotros.

Como podéis ver, más allá del partidismo político personal que cada uno pueda tener o no, el ex presidente Jordi Pujol es para mí un *sapiens*, ya que partiendo de tener claro su «quién soy», con su talento y sus tics, con sus éxitos y sus fracasos, se transformó a sí mismo para hacer evolucionar su entorno.

Jordi Pujol Soley
Doctor en Medicina
Presidente de la Generalitat de Cataluña
de 1980 a 2003

Isabel Pérez - Zona de confort

El mejor confort es el no confort.

Uno de los problemas de nuestra sociedad es que muchas veces sólo identificamos a las personas exitosas como a aquellas que son capaces de transformarse y que son visibles por todo el mundo, cuando eso realmente no es cierto. Hay muchas personas que se transforman cada día pero no les damos ni la importancia ni la visibilidad que realmente se merecen. De entre estas personas me gustaría mucho destacar a las que he conocido por motivos profesionales y de las que guardo buenos recuerdos. Son: Rosa María, Pepita, Conchita o la misma Isabel, todas ellas, responsables de la recepción de sus empresas donde llevan trabajando más de diez, veinte o hasta treinta años en la mayoría de casos.

Acostumbran a ser personas que trabajan en un espacio, normalmente reducido, medio escondidas detrás de un mostrador, de una vitrina o detrás de una mesa donde tienen su ordenador, su centralita, sus papeles, y donde ellas consiguen crear un clima en el que todo el mundo que pasa por allí, se siente especialmente a gusto.

Pero llegado este punto, ¿por qué decidí hablar con Isabel?

Pues porque es una persona que ha tenido la capacidad de convertir la recepción de la empresa donde lleva trabajando más de treinta años en un espacio confortable y no sólo para ella, sino para todo el mundo que pasa por allí, ya sea para entrar en el despacho, para dejar un paquete o como yo mismo, que iba a vender.

Isabel ha tenido la capacidad de hacer dos cosas que ya citábamos en las páginas anteriores cuando hablábamos de la zona de confort, que son:

- Ha ido adaptando su espacio para evitar que caducara.
- Ha gestionado el confort emocional de todos los que hemos pasado por allí.

Por eso decidí llamarla un día y cuando le expliqué lo que quería hacer, me dijo con espontaneidad:

—¡Ay, Albert! ¡Pobrecita de mí, si no he hecho nada especial! Si quieres quedamos... pero no me lleves a ninguno de esos sitios adonde tú vas y no me hagas conocer a nadie, ¿vale?

Al día siguiente, la iba a buscar a la empresa y fuimos a tomar una infusión a la cafetería de enfrente. Estuvimos reflexionando sobre los treinta años de aquella pequeña recepción en aquella gran empresa, y os puedo asegurar que se aprende tanto de Isabel como de un doctor de física nuclear. Lo primero que le pregunté fue:

—Isabel, ¿cómo lo has hecho para estar siempre igual de risueña, amable y generosa durante más de treinta años con un trabajo como éste? ¡Yo no podría!

A partir de aquí, le empezaron a brillar los ojos y me hizo las siguientes reflexiones que trataré de reflejar de una manera agrupada:

—¡Ay, Albert!, cómo sufrí los primeros días... Al principio lo pasé muy mal porque era una cosa que yo no dominaba y cuando sonaba el teléfono, me venía una tensión increíble porque no sabía ni qué decir ni qué hacer. ¡Llegué al punto de no coger ni el teléfono de mi casa y cuando me iba a la cama sólo decía el nombre de la empresa y «dígame»! Mi marido me tenía por loca.

Entonces, decidí ir a ver a Joan, el director de la empresa, para decirle que no quería hacer aquel trabajo, pero él me dijo que yo lo haría muy bien y que me lo tomara con calma. Fue entonces que me di cuenta de una cosa muy importante. Tenía que ser yo misma, era yo quien tenía que controlar aquella máquina, y gracias a eso empecé a vivir mejor. Ahora, llevo treinta años y la centralita es mi vida.

En pocas palabras podemos ver cómo, realmente, Isabel sabía que entraba en una nueva zona que no le generaba nada de confort, pero afrontó el problema y decidió asumir el control de aquel reto, de su espacio y sobre todo, apostó por la actitud s*apiens* de ser ella quien controlara la situación para a partir de aquí transformar ese entorno que le permitiera disfrutar de su trabajo.

Pero claro está, ¿cómo se hace para mantenerlo durante tantos años? Al preguntarle me dijo:

—No he hecho nada especial, soy así. He tenido una zona de confort durante treinta años porque me gusta mucho lo que hago y para mí el confort es tratar igual a los directores de la empresa que a los compañeros de trabajo o a los visitantes. Tener buen rollo y naturalidad con ellos. Eso me ha hecho ver que lo único estable de la recepción durante estos años sólo han sido los muebles, pues las personas sí que transmitimos sensaciones, buenas y malas, y éstas cambian cada minuto y eso es fantástico, Albert.

Sus palabras nos demuestran claramente la importancia de las emociones para tener un equilibrio y un confort permanente. Básico, clave e indispensable.

Del encuentro con ella podríamos sacar más cosas pero querría destacar tres ideas que ella me repitió muchas veces. Son las siguientes:

- «Se tiene que apostar por hacer lo que te gusta, ya que tenemos que estar muchas horas.»
- «Se tiene que saber desconectar, tanto de casa en el trabajo como del trabajo en casa.»
- «Ser muy positivo y no decir nunca que no.»

Muchas gracias Isabel y, sobre todo, gracias a aquellas personas que desde vuestro pequeño espacio nos demostráis cada día que desde allí también se puede transformar el mundo.

Isabel Pérez
Recepcionista, madre y abuela

Fuad Dergic - El miedo

Desconfiad de aquel que dice no tener miedo.

Todavía recuerdo, como si fuera ayer, aquel julio del 2003. Estaba dentro de un pequeño despacho de un Centro de Jóvenes ubicado en la pequeña ciudad de Travnik (Bosnia). Durante media hora, Fuad nos explicó a las personas que allí estábamos todas sus experiencias durante el conflicto de los Balcanes. Sus palabras no han dejado de resonar dentro de mí durante muchos años, ya que me han ayudado a entender muchas cosas. Cuando me planteé incorporar a personas con actitud *sapiens* en el libro, tuve muy claro que Fuad era una de ellas por sus vivencias y, sobre todo, por la gran humanidad, gran valentía y, especialmente, por esa gran fuerza emocional que le permitió luchar fuerte contra el miedo para proteger su patria, su familia y, en último lugar, a sí mismo.

Muy a menudo hablábamos por Facebook, hasta que un día quedamos para desayunar y me invitó a su casa, acompañado de su señora. Fueron dos de las horas que más me han impactado de mi vida y por eso, intento resumir los conceptos más importantes que surgieron en aquella conversación.

Cuando hablamos del miedo, el principal riesgo que podemos tener es que realmente aniquila nuestra esencia y aquello que realmente nos hace felices, es decir, cuando aparece el miedo puede aparecer de una manera tan feroz que no sólo nos paraliza, sino que nos hace retroceder. Las siguientes manifestaciones de Fuad nos muestran cómo él intentó no detenerse y hacer frente a aquel miedo terrible.

- Sabíamos que nos matarían y harían una limpieza étnica pero teníamos que defender a nuestros pueblos.
- Si nos atacaban, pensábamos en defendernos. No podíamos hacer nada más.
- No podía pensar en huir.

Hay que intentar superar el miedo hasta el punto de sentir que te has esforzado al máximo de tus posibilidades, es decir, hay que aproximarse a ese punto tan indefinido en el que sabes que lo has intentado aunque todo lo que pueda suceder en aquel momento ya no dependa de ti, sino que, como dice Fuad, queda en manos del azar o en manos de alguien que está allí arriba y que actuará por nosotros.

Esto es lo que le había pasado y lo transcribo literalmente usando sus mismas palabras:

- Después de caer 3.000 obuses en una noche, por miedo a nuestras propias vidas, nos fuimos rindiendo y huimos.
- Había momentos en los que veía pasar las balas alrededor de mi cabeza y entonces pensaba en dejar el ejército. Tanta suerte no se puede tener.
- En mi último día en el campo de refugiados ya no

podía huir. Estuve rezando todo el día, hasta que me llamaron y entonces pensé que me mataban pero a medio camino, me hicieron volver. ¡Qué suerte!, no me mataron.

Uno de los temas que más me marcaron fue su explicación de cómo se tenía que actuar dentro de un campo de refugiados cuando tienes miedo.

Normalmente cuando tenemos miedo, en una hipotética sociedad avanzada, nos vamos bien lejos o bien nos encerramos en nosotros mismos en una clara no acción. Pero en el campo de refugiados él dice que tienes que conseguir calmarte con el fin de estar dentro de la multitud, pues esta multitud te protege y en el fondo, disminuye la probabilidad de ser el escogido por los vigilantes. He extraído algunas de las frases que lo explican:

- «En un campo de refugiados eres feliz cuando no te gritan. Sólo tenía miedo a la muerte.»
- «No dominas nada de tu propia vida.»
- «En un campo de refugiados estás más seguro entre la multitud. Escogían aproximadamente unos 20 de un total de unos 2.000.»
- «Ante el miedo, cuando más tranquilo estás, más suerte puedes tener. Por eso hace falta mantener los nervios y no llamar la atención.»
- «Cuando te liberas del miedo de estar en el campo de refugiados, confías en que todo puede ser mejor.»

Ante el miedo podemos escoger hacer algo o no hacer nada, es decir, aceptar la derrota o hacerle frente para superarla. Hacerle frente es muy complejo, pues realmente, muchas veces actúas sin saber qué habrá después, cosa que quizás te convierta en un poco temerario, pero puede ser la única opción. Fuad lo explica de esta manera:

- Con el miedo solamente puedes decidir hacer algo o no hacer nada. Salir o esconderte. Es una suerte loca.

Cuando acabamos de hablar e intentamos hacer un resumen de toda nuestra conversación, hizo la siguiente afirmación:

- El miedo hace que algunas veces hagas cosas sin saber por qué.

El miedo nos hace tambalear, nos hace creer que las cosas son más peligrosas de lo que seguramente son, pero muchas otras veces este miedo es totalmente razonable, como el que vivió él durante el conflicto. Aun así, la única opción es hacer cosas, aunque muchas veces no sabes por qué las haces.

El final de nuestra conversación fue impactante, le brillaron los ojos cuando me explicó cómo después de siete meses consiguió encontrar a su familia en el otro extremo de Bosnia. El miedo se había acabado y empezaba un nuevo reto.

Gracies, Fuad, por tu valentía, tus lecciones y tu humanidad.

Fuad Dergic
Bosnio
Refugiado de guerra con gran humanidad

Xavier Gabriel - La diferencia

Quien es realmente diferente, sabe vivir diferente.

Cuando por diferentes medios de comunicación veía a Xavier Gabriel hablando de La Bruixa d'Or, creo que tenía la misma sensación que muchas personas. Sin duda, era una persona singular. Hace unos meses tuve la oportunidad de poderlo invitar a la sección que hacíamos en la radio para que viniera a explicarnos sus fracasos. Invitación que aceptó rápidamente.

Después de aquel día, surgió una amistad especial porque supongo que los dos coincidimos en aceptar que somos diferentes y nos gusta actuar diferente, aun salvando las distancias: él quiere ir a la Luna (no es en sentido figurado, en estos momentos, está en la lista de personas civiles que han solicitado viajar a la Luna) y yo a Igualada.

Xavier es diferente y actúa diferente porque así lo escoge él. Por eso un día le dije:

—Xavi, quiero hablar contigo de la diferencia y plasmarla en el libro que estoy preparando.

Y evidentemente, para hacerlo diferente, acabamos comiendo con toda su familia y en vez de dejarme preguntar, me explicó una historia que me he permitido adaptar y que os relato a continuación. La bautizamos como «La teoría del silencio de la selva»:

—Apostar por vivir para hacer lo que te gusta es como estar conduciendo por una autopista sin ningún tipo de límite de velocidad y al final de todo nos podemos encontrar con lo que las personas llamamos el ÉXITO.

Hay personas que se piensan que yendo a 250 km/h por esa autopista llegarán antes y entonces ganarán, cuando en realidad no es así. Si algunos de éstos llegan al final, difícilmente acabarán consiguiendo el objetivo como lo soñaron y, seguramente, no disfrutarán del camino.

La mayoría de la gente, con el fin de minimizar los supuestos riesgos, se situará en la acera, en la cuneta, creyendo que así verá el mundo pasar y que ellos estarán protegidos porque viven fuera del peligro . Esto tampoco es cierto y ni mucho menos garantiza el éxito.

Pero la otra opción y la que más me gusta, porque me hace vivir diferente, es la de salir fuera de la autopista, correr por los laterales de la carretera y saltar a la naturaleza, en medio de los bosques como si fuera una selva. A lugares donde pueden haber picaduras de serpientes o de otros animales, donde haya peligro, lugares para arriesgar pero, sobre todo, donde el silencio es el rey, ya que allí todo es diferente.

Te adentras por la selva durante horas, días, meses, años... hasta que llegas a un gran precipicio, y allí empiezan a surgir de nuevo, muchas dudas y muchos miedos. Ante esta situación puedes hacer dos cosas: una es no afrontar el reto de bajar y dejarse caer, cruzando los brazos. Es decir, como tú dices Albert, actuar como un mamut. Otra opción es bordear todo el precipicio, como si fueras un trapecista. Asumiendo los riesgos, la caída, aprendiendo, levantándote, transformándote, evolucionando, etc.

Seguro que mientras haces de trapecista te volverás a caer y, como me has dicho que explicas en el libro, te darás cuenta de que quizás habrás fracasado en el intento, pero como mínimo, no estarás frustrado porque lo habrás intentado.

Cuando llegues al final, encontrarás un nuevo escenario abajo de todo. Entonces, podrás mirar hacia arriba y con una sonrisa en la boca pensar: «Lo he conseguido». Es decir, lucharás con la actitud *sapiens*.

Al final del camino te darás cuenta de que el 90% de las personas deciden ir a 250 km/h por la autopista o por la cuneta. El otro 10% habrá escogido vivir diferente, vivir para luchar por sus sueños, en medio de la selva. Es decir, tendrán actitud emprendedora y harán de *sapiens*.

Vivimos en un entorno muy acelerado y muy ruidoso, pero realmente las cosas buenas sólo pasan en el silencio, sea interior o exterior, como el de la selva, donde por la noche hay mucha vida. Por eso hay que saber vivir en ese silencio de la selva, más allá del ruido espantoso de las grandes ciudades donde está la multitud. Probablemente estarás solo y te dirán que eres diferente, pero no te preocupes, acabarás encontrando a otros como tú.

Al acabar le pregunté:
—Xavi, si cuando llegas abajo es el éxito, entonces, ¿qué es para ti el éxito?
—El éxito es eliminar las metas.
Creo que está casi todo dicho. Hay que seguir emprendiendo y seguir arriesgando.
Muchas gracias Xavier por dejarme conocer tu valor diferencial y tu normalidad, pero por encima de todo, por seguir manteniendo correos electrónicos, encuentros y comidas.

Xavier Gabriel
Emprendedor
Fundador de La Bruixa d'Or

Isidre Esteve y Lidia Guerrero - El cambio

Quien no cambia ya está cambiando,
pero sin saber hacia dónde.

Isidre había sido motorista profesional y había participado diez veces en el Dakar, pero en una de las carreras de la Baja Almanzora, sufrió un accidente fatídico que le dejó en silla de ruedas. Lidia, era recuperadora profesional de deportistas de élite y gracias a su colaboración profesional con Isidre, surgió una relación de pareja.

Fue el verano del año 2011, durante mi colaboración en Catalunya Radio, cuando recordé la experiencia vivida por Isidre y decidí contactar con él para entrevistarle y hablar de sus nuevos retos.

Y llegó el día de salir en antena. Cuando quedamos para preparar la sección, después de charlar un rato con ellos dos, pensé: Isidre y Lidia o Lidia e Isidre. ¡Qué capacidad de superación y de afrontar los cambios! Sin duda son un ejemplo.

Han pasado los años y puedo presumir de tener una relación especial con ellos, que hace que hayamos llegado a compartir muchas horas de reuniones hablando sobre la fundación que han creado, del trabajo sobre el proyecto de nuestra empresa, de comidas con amigos en el restaurante de la familia, de reflexiones profundas de superación personal, de apoyo incondicional y sobre todo, de su bonhomía. Por todo ello, les pedí que me permitieran citarles en mi libro como ejemplo de *sapiens*.

He estado dando vueltas sobre cómo reflejar en dos páginas todas las reflexiones de él y me he decidido por hacer tres bloques. El primero, con reflexiones de Isidre, el segundo con las de Lidia, y el tercero, con reflexiones conjuntas de ambos.

Entre muchas otras cosas los mensajes más importantes que Isidre me ha ido transmitiendo son:

- «La única forma de salir de esta nueva situación era aceptarla.»
- «Vamos a ver qué podemos hacer con lo que tenemos.»
- «Con actitud y determinación uno puede hacer que su futuro sea mejor.»
- «En la vida hay que saber cambiar para poder seguir haciendo lo que a uno más le gusta.»
- «La vida son cuatro días y dos ya han pasado.»
- «En la vida siempre hay el lado positivo y siempre se puede mejorar.»
- «Por encima de todo hay que vivir y encontrar nuevos motivos.»

Sin duda son lecciones de vida que nos demuestran que casi todo en la vida es superable y que todos aquellos cambios que aparecen en el camino, si los sabemos ver desde un punto de vista positivo y constructivo, nos pueden ayudar a transformarnos, con nuevas ilusiones, nuevos retos y, sobre todo, nuevos proyectos.

Cuando conoces bien a Isidre te das cuenta realmente de la importancia del entorno más cercano para poder afrontar los problemas. Cuando tuvo el accidente, hacía poco que él y Lidia eran pareja, pero siguieron juntos, lucharon juntos y ahora ambos, luchan por nuevos e interesantes retos.

De Lidia he recogido las siguientes reflexiones:

- «La vida te cambia, te da un giro, aunque nadie está preparado para esto.»

- «Hay que ser sensato y aceptar la situación, pero no conformarse.»
- «Ante muchos problemas, puedes prepararte y recuperarte.»
- «Tienes que prepararte porque si viene un palo deberás remontar.»

De los dos aprendí dos cosas muy importantes, que considero que son básicas para afrontar cualquier cambio en la vida. Son:

- Tener actitud *sapiens*, es decir ser positivo y luchar para transformar el medio. Como dice Isidre: «A ver qué podemos hacer con lo que tenemos».
- Uno tiene que cuidarse para afrontar todo lo que le venga encima y, sobre todo, para estar en condiciones para cuando llegue la oportunidad. Y en el tema de recuperaciones, Lidia sabe mucho.

Un día estábamos en Oliana en su casa y hablábamos sobre la dieta que yo quería seguir para adelgazar. De repente Lidia me dijo:

—Albert, si tú te quieres de verdad, ¿por qué no te cuidas? —al cabo de un segundo, Isidre me dice:
—Sabes que tiene razón, Albert. Acéptalo, ponte a dieta y empieza a cuidarte.

Para acabar, un día que estábamos en la cocina de su casa, Isidre me dijo hablando de Lidia:

—Con ella, todo ha sido más fácil. Creo que formamos un buen equipo.

Transformarse no es nada fácil pero es necesario, y al igual que decíamos en páginas anteriores, el *sapiens* ha nacido en comunidad y vivir en comunidad, se quiera llamar pareja, familia, ciudad... es básico para lograr cambiar este medio y transformarlo.

Gracias a los dos por vuestra amistad y muchos éxitos con la Fundación Isidre Esteve, pues estoy seguro que es y será un gran instrumento para toda aquella gente que ha pasado por lo mismo que habéis vivido vosotros.

Isidre Esteve y Lidia Guerrero
Fundador y Directora de la Fundación Isidre Esteve

Marta Cailà - La comunicación

Comunicar bien no quiere decir forzosamente que te hayas explicado bien.

En septiembre del año 2010 tuve la oportunidad de empezar a colaborar en los medios radiofónicos gracias a la apuesta de Marta Cailà para hacer una sección sobre «actitud emprendedora» en el programa de los fines de semana, «*Via Lliure*» de Rac1.

De entrada, cuando te proponen ir a la radio, piensas que lo ideal es ir en un horario de máxima audiencia pero a los pocos días, aprendí algo muy importante: la máxima audiencia pasa por transmitir un lenguaje universal.

Un lenguaje universal es aquel lenguaje llano, sencillo, directo y empático que todo el mundo entiende y, sobre todo, con el que todo el mundo es capaz de seguir la conversación, sea un empresario o sea cualquier persona que podamos encontrar en cualquier bar de cualquier pueblo o ciudad. Un lenguaje que habla de gusanos de seda en lugar de *Bombyx mori*, de inversores en lugar de *venture capital* o de aspirina en lugar de ácido acetilsalicílico, entre otros ejemplos.

Por ello, dado que con Marta hemos compartido muchas secciones hablando de la emprendeduría y del fracaso, le pedí que me aportara su experiencia de cómo ella ha conseguido durante más de once años en antena ofrecer un lenguaje sencillo, claro y al alcance de todos. Quedamos un día en Barcelona y empezamos a hablar de cómo se puede hacer un lenguaje sencillo. De esta conversación tomo cuatro de sus reflexiones:

- «Hablo en la radio tal y como hablo en la calle, pero de una forma inconsciente.»
- «Me molesta cuando veo cosas que no son naturales y se quiere aparentar.»
- «Lo importante no eres tú, son los demás. Me molesta la gente que se escucha a sí misma.»
- «Tengo muy presente quién me escucha aunque no sé qué hace. Los cito y por eso intento que no se desconecten.»

Sólo podemos conseguir un lenguaje universal cuando hablas con un inversor como si hablaras con tu padre en el comedor de casa, de una forma natural, transparente y, sobre todo, nada postiza e intentando mantener ese hilo mágico que tiene la comunicación y que hace que las personas se conecten por palabras, gestos, emociones, etc.

Explicar ideas, retos y sueños, sean grandes o pequeños, requiere sin duda de estos puntos que dice ella, porque si no, quien nos escucha, sea cliente, inversor o quien sea, tendrá la sensación de que hablamos para nosotros, y no para ellos.

Otro aspecto que quería tratar se basa en los puntos claves para comunicar bien, es decir, que el emisor entretenga, y el receptor disfrute de la conversación. Sobre esto me dijo:

«Creo en dos aspectos fundamentales para comunicar: mantener el ritmo (cambios y conversaciones rápidas) y sobre todo, contenido cualitativo, con rigurosidad y sin ser repetitivo.»

«Y sobre todo, si quieres disfrutar comunicando, debes buscar novedades continuamente.»

Comunicar, sea una idea, una emoción o un proyecto requiere un estilo rápido, cercano y emocional, y para ello, hay un ritmo, una calidad y una capacidad de saber sorprender. No hacerlo, por norma general, provoca que quien nos escucha se desconecte y la comunicación se acabe rompiendo.

Otro tema importante y que inquieta mucho a las

personas es equivocarse cuando comunican, lo que hace que no comuniquen y eso es peor. Como ya hemos hablado en páginas anteriores, no comunicar es no hacer y, por tanto, puede acabar en frustración y no en fracaso.

Marta dice:

«Hay que tener claro lo que quieres decir pero no hay que ser fiel al guion y hay que dejarse llevar por el momento. Ser esclavo del guion es un grave error.»

«Obsesionarse por no equivocarse cuando comunicas es un error. Hace que comuniques peor y pierdas el discurso. Estás más pendiente de las formas que del contenido.»

Creo que queda muy claro. Hay que practicar, hay que atreverse a comunicar y, sobre todo, dejar fluir y adaptarse a los cambios que también surgen cuando comunican.

Para terminar le pregunté a Marta cuál creía que es la responsabilidad de cualquier comunicador, pues ella es una persona muy responsable y sobre todo muy exigente con todo lo que hace. A lo que me contestó:

—Hay una responsabilidad muy grande del comunicador, seamos periodistas o emprendedores y, por tanto, como responsables, también es necesario que digamos siempre las cosas, nos hayan gustado o no. Ahora, hay mucha gente que tiene miedo de hacerlo porque tiene miedo de enfrentarse. Pero hay que hacerlo.

Ya ves. Marta es una persona muy experimentada, muy exigente consigo misma y, sobre todo, muy consciente de que lo que ella necesita es un gran equipo, al que escucha mucho, como buena comunicadora que es. Sin duda, son claves que le permiten ser líder de audiencia en Cataluña en su franja horaria.

Muchas gracias, Marta, por la confianza.

Marta Cailà
Licenciada en Periodismo
Presentadora y directora de «Via Lliure» de Rac1

Padre prior Ignasi Fossas - El tiempo

Un tempo adecuado aporta calidad
para hacer más cantidad.

Una de las lecciones más importantes de mi vida la he aprendido en los tres últimos años, cuando algunos sustos y avisos de mi salud me han llevado a gestionar de una manera más acertada mi inquietud hacia el tempo, es decir, saber adecuar el tiempo con el ritmo en que hago las cosas. Mientras iba escribiendo el libro, cada vez tenía más claro que una de las personas más idóneas para hablar del tempo seguro que vivía en la Abadía de Montserrat, y mi amigo Jesús Alcantarilla me permitió contactar con el padre prior.

Estuvimos reunidos dos horas en las que hablamos de muchas cosas, que son imposibles de resumir en dos páginas, pero aun así intentaré hacer un resumen de las reflexiones hechas sobre cómo el tempo afecta a las personas.

La primera pregunta que le hice fue:

—Padre Ignasi, ¿qué es para usted el tempo? A lo que me contestó con dos respuestas que están muy relacionadas:

- La gestión del tempo quiere decir hacer las cosas en el tiempo oportuno. A veces quiere decir esperar años y a veces quiere decir hacerlas ya, ahora mismo. La clave del tempo es el momento de cada persona. Es un arte y sólo se aprende con el tiempo y aprendiendo de los errores.

Estas palabras pueden sonar muy indefinidas pero al contrario, son palabras muy sabias, sencillas y claras. Pero teníamos que ir más allá y fue entonces cuando le pregunté:

- Todos entendemos que las cosas se tienen que hacer en el momento oportuno, pero, ¿cómo se puede saber cuándo es «el momento oportuno»? Y me dio dos respuestas:

    «Una condición para aprender el arte del momento oportuno es salir de uno mismo y conocerse.»

    «El misterio del ser humano es la libertad, lo que

quiere decir que en última instancia, ciertas cosas dependen de él mismo.»

Dos temas que, si se piensan bien, son dos de las principales inquietudes que tenemos las personas y que tenemos que saber gestionar. Nos tenemos que conocer mejor, tenemos que saber cuáles son nuestros deseos y, sobre todo, tenemos que ser conscientes de que hay que atreverse a luchar por nuestros retos.

Pero quien tiene que luchar por nuestros retos no son los otros, sino nosotros mismos. Los otros nos pueden ayudar, pero quien al final activará el botón de acción somos nosotros, ya sea con la máxima conciencia o, como algunas veces sucede, con un punto de inconsciencia.

En un momento de nuestra conversación afirmé que me daba cuenta de que cuando llevaba un buen tiempo, las cosas me salían mejor que antes. Entonces, el padre Ignasi sonrió, se tocó las gafas y me dijo mirándome fijamente:

- Cuando una intervención se acostumbra a hacer en su tiempo es sensacional, pero cuando es fuera puede ser terrible.

Cuánta razón. Sólo hace falta que hagamos memoria de nuestra vida. Aquella llamada inesperada, aquel abrazo oportuno, aquel regalo en el momento necesario, aquella sonrisa, aquel contrato inesperado, aquel proyecto finalizado... y cualquier otra cosa que creáis que os haya salido bien. Analiza el tempo con el que lo hicistes y comprobarás que lo gestionaste correctamente.

Posteriormente, mientras hablábamos de que vivimos en una sociedad muy acelerada y excesivamente competitiva que hace que vayamos por la calle sin percibir nada, él me contestó:

- Vivimos en una sociedad donde hay una sobresaturación de los sentidos, es decir, tenemos los sentidos en un nivel tan elevado y tan exaltado, que nos llegan a bloquear mental y emocionalmente. Una vez llegados a ese nivel de saturación, para superarlo se necesitan sensaciones todavía más fuertes. Por eso hace falta dejar de saturar los sentidos.

Interesante reflexión y dicho en otras palabras: también tenemos que saber dar un tempo a nuestras emociones y a nuestros sentidos, ya que también son necesarios para vivir con un tempo adecuado (valga la redundancia).

Al cabo de dos horas, nos despedimos y regresé a Igualada. Por la noche, en la terraza de casa me detuve a reflexionar y le envié un correo electrónico de agradecimiento. Al día siguiente por la mañana tenía este mensaje suyo.

«Sobre el tema del "tempo", hay un aspecto que no toqué y que creo que es importante, se trata de la "organización" del tiempo en el monasterio. La regla de Sant Benet prevé que el tiempo de los monjes, tanto a nivel personal como a nivel comunitario, se organice en función de tres grandes ejes: la plegaria (personal o comunitaria), el trabajo, la lectura espiritual (o *lectio divina*) y las necesidades biológicas (comer, dormir, descansar...). Eso hace que el día, la semana, el año, estén muy "organizados" en el monasterio. Es una buena manera de aprovechar el tiempo (curiosamente en nuestro tiempo donde todo el mundo va tan "ajetreado", se pierde mucho tiempo inútilmente) y de asegurar un buen equilibrio entre la actividad y la reflexión.»

Creo que se explica muy bien. Incluso los que creen que tienen tiempo de sobra, son los que tienen más riesgo de perderlo y por eso se organizan tan bien.

Muchas gracias, padre Ignasi, por sus reflexiones tan «temporizadas».

PADRE IGNASI FOSSAS
Médico
Prior de la Abadía de Montserrat

Xantal Llavina - La conciliación

> *Prefiero ver latir más fuerte a mi corazón*
> *que a mi cartera.*

La periodista Xantal Llavina es una persona a la que aprecio mucho y una de sus grandes virtudes es la generosidad para dar oportunidades a aquellas personas que ella cree que se lo merecen. No sé qué talento encontró en mí, pero ha sido ella la persona que confió en mí y la que me ha ayudado en el mundo de los medios de comunicación, pero lo más importante es la amistad que me ha ofrecido y que espero dure muchos años.

Quería que la Xantal periodista y emprendedora (dirige su propia productora y dirige la segunda temporada del magacín de las tardes «Directe 4.0» en Radio 4 RNE) apareciera en el libro no sólo porque ella me ha ayudado, sino porque tiene mucho que ofrecer en el tema de la conciliación. Como conciliar su voluntad de ser periodista cuando en casa lo habría tenido más fácil en el ámbito empresarial, porque son empresarios; como conciliar ser mujer en un mundo dominado por los hombres; como conciliar vida personal con vida profesional, entre otros.

Cuando pensamos en un formato para hacer estas páginas decidimos invertir los papeles. Yo haría de periodista y ella de entrevistada, y por eso se adjuntan unas cuantas preguntas que le hice:

AR: Xantal, ¿qué entiendes por conciliación?
XLL: Conciliar quiere decir hacer compatibles dos o más elementos que son o parecen contrarios: el trabajo con la vida personal o familiar. Sin embargo, todo el mundo lo hace y de lo que se trata es de conseguir siempre el equilibrio entre las dos partes. Hoy las empresas que obtienen mejores resultados son también los mejores lugares para trabajar, es donde existe una

actitud de respeto por las esferas personales de nuestras vidas y una convicción de que es importante facilitar la conciliación. Tenemos que ser personas equilibradas que crean organizaciones o equipos saludables y, en mi caso, oyentes o lectores satisfechos. Se tiene que valorar los resultados de las personas y no su presencia en el trabajo.

AR: ¿Cómo viviste el querer apostar por tu devoción (el periodismo) frente al que viviste en casa toda la vida como una obligación (empresa familiar de automoción)?

XLL: Cada uno intenta trabajar de lo que es su pasión y así lo hice, obtuve la licenciatura de Periodismo, aunque también tengo la diplomatura en Ciencias Empresariales. Quería trabajar dentro del mundo de la comunicación y del periodismo y lo tenía muy claro desde muy joven. Y cuando trabajas de lo que realmente deseas eres más creativo porque sientes pasión por tu trabajo. Si trabajas con interés, placer, satisfacción, rigor y lo afrontas como un reto personal, las soluciones llegan cuando también llegan los problemas.

AR: Y el hecho de conciliar diferentes medios como radio, prensa, televisión, libros, etc., ¿cómo lo llevas?, ¿cómo se hace?

XLL: Con mucha pasión, trabajo, rigor y esfuerzo. Stephen R. Covey dice sobre la pasión: «La pasión nace del corazón y se manifiesta en forma de optimismo, entusiasmo, conexión emocional, determinación.

Alimenta un impulso implacable». El entusiasmo está profundamente arraigado en la capacidad de escoger, no en las circunstancias. Por lo tanto, se busca tiempo para hacerlo. En estos momentos el proyecto de radio, de dirigir y presentar «Directe 4.0» es lo que me comporta más tiempo, trabajo y espacio tanto de contenidos como de dirección de los mismos. Pero siempre, si he podido, me gusta hacerlo a la vez colaborando con la prensa y la televisión. Me gusta saber, investigar, preguntar, poder explicar y hacerlo de la manera más sencilla posible en este caso para oyentes y lectores. Y me gusta esta frase: si podemos trabajar con personas que su pasión coincida con su trabajo, no necesitaremos casi supervisión. Se controlarán ellas mismas mejor que nadie.

AR: Y un tema importante, ¿cómo se lleva esto de ser mujer guapa en un mundo donde se valora más la imagen que el talento?

XLL: (Se ríe.) Gracias por los piropos, pero no estoy de acuerdo, creo que hoy en día, y por suerte, se valora, y con la crisis económica que nos acompaña más, la productividad y el trabajo bien hecho y con rigor. Al final lo que le interesa a un director o ejecutivo es que tú seas rentable para la empresa, que hagas bien tu trabajo y que en el caso del periodismo consigas los mejores contenidos en tu programa y los transmitas correctamente. Además, en el mundo de la radio y la televisión, que consigas el interés sobre todo de la audiencia y que esto se traduzca en más oyentes y lectores. Unos requisitos básicos en los medios de comunicación privados, que evidentemente también tienen que estar en los públicos. Por suerte, las mujeres están cada vez más representadas en los medios de comunicación en general, aunque la paridad absoluta todavía tardará unos años, y son valoradas por su trabajo y por su talento, no por la imagen.

AR: ¡Ah! por cierto, ¿cómo has conciliado siempre el mundo de la pareja? También es un reto importante y, muchas veces difícil de gestionar.

XLL: El mundo del trabajo y de la pareja se tiene que separar completamente. Intentar llegar a casa y dejar los problemas de lado, aunque depende del carácter de cada uno, en mi caso es bastante improbable. Pero al final uno mismo tiene que encontrar su equilibrio personal y laboral, la cuerda no puede estirar sólo hacia el trabajo y más trabajo, pero está claro que para que los trabajos salgan bien, uno tiene que poner horas y horas. Al final, sin embargo, se tiene que hacer una línea imaginaria roja, sobre todo en los fines de semana, y decir que todas las preocupaciones del trabajo se resolverán en el momento que correspondan. Uno tiene que tener espacios de ocio personales, individuales o con pareja para obtener beneficios de otras realidades que no sean únicamente las que llegan del ámbito laboral. Esto ayuda, sobre todo en tu día a día, a repartir energías.

AR: Muchas gracias por explicarnos tu visión de la conciliación y, sobre todo, por seguir compartiendo retos en años futuros.

XANTAL LLAVINA
*Licenciada en Periodismo y diplomada
en Ciencias Empresariales
Directora y presentadora de «Directe 4.0»
en Radio4 RNE*

Enric Morist - El riesgo

El principal riesgo es no luchar por ser feliz.

En el año 2001 tuve la oportunidad de hacer amistad con Enric Morist, mientras colaborábamos en un proyecto de formación y cooperación internacional que estábamos desarrollando entre dos entidades, la Junior Chamber International de Igualada y la Cruz Roja, en la ciudad de Travnik (Bosnia). Fui el director del proyecto y él era el máximo responsable de Cruz Roja Igualada.

El primer viaje que hicimos aquel mismo mes de julio, me permitió poder conocer de primera mano los resultados reales de una guerra y, sobre todo, los verdaderos impactos que dejó en las personas aquel conflicto bélico. Esta experiencia transformó mi percepción del riesgo, porque me di cuenta de que muchas cosas que yo había considerado entonces como arriesgadas, eran excusas y justificaciones.

De esta percepción del riesgo Enric sabe mucho, no sólo en Bosnia sino debido a su amplia experiencia en la acción humanitaria en diferentes entornos. Por eso consideré de vital importancia hablar con él sobre la inquietud que tenemos las personas en relación al riesgo.

Un sábado quedamos para ir a comer con el fin de reflexionar sobre todo esto con más detalle. De la gran cantidad de reflexiones, hemos extraído las más significativas.

Cuando empezamos a hablar, lo primero que me dijo es:

- La primera pregunta: ¿qué estás dispuesto a arriesgar?

Seguro de que todos tenemos sueños e ideas que nos ilusionan, pero por norma general, los grandes retos siempre implican unos grandes riesgos para poder alcanzarlos. Por eso es de vital importancia decidir antes que nada, «qué estás dispuesto a arriesgar» (y no sólo material) para alcanzar lo que supuestamente deseas. Y esto me enlaza con las siguientes reflexiones:

- «He tenido más miedo viendo cruzar a mi hijo por la calle de cualquier ciudad que en medio de ciertos bombardeos en Bosnia.»
- «En las situaciones extremas y de más riesgo, muchas personas se paralizan y en muchas otras las neuronas se les activan para asumir nuevos riesgos.»

Podemos pensar que un bombardeo es más peligroso que cruzar las calles de nuestras ciudades, pero si lo miramos con detalle, nos daremos cuenta de que hay riesgos más peligrosos que éstos. Y que conste que no decimos en absoluto que un bombardeo no sea peligroso. Aquí entra la subjetividad de las percepciones y de cómo ve el mundo cada uno, debido a sus propias vivencias.

Una vez llegado a la situación de máximo riesgo, las personas sólo pueden hacer dos cosas: apagarse debido a que el miedo las paraliza, o bien sacar de dentro de sí mismos toda aquella energía, fuerza y también un poco de rabia, para resurgir y hacer frente a nuevos retos.

«Mis héroes son los que lo tienen todo desde el punto de vista material y dan un paso adelante para arriesgar. Es la máxima expresión del riesgo.»

Es decir, personas que están en el nivel más alto de la pirámide de Maslow y son capaces de bajar peldaños para volver a empezar, con más experiencia y más sabiduría. Personalmente considero que a quienes llamas héroes, para mí son la esencia de la vida, pues creen que es más importante ver latir su corazón que su cartera.

Hablar con él y no hablar del impacto que ocasionan las crisis sería injusto, y esto es lo que opinó:

«La crisis ha provocado un impacto tan fuerte que el principal riesgo es emocional y se produce cuando un padre no sabe cómo explicar a sus hijos que no puede comprarle aquel yogur o aquellas bambas.»

Como podéis ver, Enric habla siempre de las emociones de las personas y del riesgo que representa dejar de tenerlas. Somos seres relacionales, por lo tanto, emocionales, y perder estas emociones supone un riesgo demasiado alto.

Y para acabar, dado que él dirige una gran organización, le pregunté cuál creía que era el riesgo de una gran organización.

«Las grandes organizaciones son como mamuts por sí solas, pero hacen falta personas que arriesguen enajenando los valores de la entidad con las necesidades de la realidad del entorno donde actúan.»

Como se puede ver, hay que asumir riesgos para recuperar los valores y, sobre todo, ofrecer soluciones que sirvan para algo en el mercado, es decir, en el entorno.

Cuando nos dirigíamos hacia nuestros respectivos coches, nos paramos delante de un semáforo y dijo:

- «El riesgo hace falta ponerlo en primera pantalla y en valor positivo.»

El riesgo, al igual que el cambio y todas las inquietudes está aquí conviviendo con todos nosotros. Puede gustar o no, pero lo que se tiene que hacer es que sea visible y, sobre todo, buscar maneras de gestionarlo. Es decir, actuar como un *sapiens*.

Por lo tanto: *ante el riesgo hay que hacer algo, que el semáforo está en verde.*

ENRIC MORIST
Coordinador General de Cruz Roja de Cataluña

Mis padres - El fracaso

*Fracasar no es malo,
lo malo es no aprender de los fracasos.*

Permíteme acabar este apartado en el que hemos hablado con *sapiens*, para que hable de mis padres. Ellos son quienes me han permitido convivir mejor con mis fracasos.

Vivimos en un entorno donde la gente habla más del fracaso que de la frustración y muchas veces se las ubica en el mismo espacio, pero realmente las dos cosas no son lo mismo. Como se ha dicho anteriormente en este libro: *uno que fracasa aprende del error, uno que se frustra no pasa a la acción.*

Y en este punto radica el aprendizaje más importante. Es decir, me han educado siempre en que si algo me gusta, me motiva y me hace feliz tenga la valentía de irlo a buscar, pero sobre todo, que me prepare y trabaje mucho para alcanzarlo.

Ya de pequeño andaba con Manel, un compañero de los maristas de Igualada, y en una pequeña granja que tenía la escuela empezamos a comprar algunas gallinas con la ayuda de los padres y después las hacíamos criar; posteriormente, lo ampliamos con otros animales como conejos, tórtolas, etc. Allí, cuando se nos morían animales, descubrí mis primeros fracasos de infancia. Todavía recuerdo como si fuera hoy la muerte de algún polluelo o, incluso, la muerte de un canario.

Un fracaso mucho más grande vino con los estudios

de bachillerato. Me incentivaron a que siguiera con mis estudios pero nunca me castigaron ni me prohibieron hacer todo aquello que me motivaba, fuera lo que fuera. Sólo tenía la condición de que si quería hacerlo, tenía que cumplir con mis obligaciones, con mis estudios.

Debido a este fracaso en los estudios, no pude acceder a la universidad y entré en el mercado laboral, donde descubrí al emprendedor que llevaba dentro de mí y que había percibido en casa, cuando era pequeño, con mi padre. Tuve muchos problemas y fracasos, provocados o recibidos injustamente, aun así ellos siempre estaban allí, dejándome hacer, estando presentes y sin imponerme nada, dándome a mí la oportunidad de descubrirlo.

También han llegado los fracasos, cómo no, emocionales. Mis padres ni se planteaban si aquellas parejas eran para mí, pues eran mis elecciones. Siempre estuvieron allí, preocupándose, pero permitiéndome equivocarme de nuevo tantas veces como lo necesitara, eso sí, cuidándome desde la proximidad y la distancia. Parece contradictorio y extraño, pero es real.

Sintetizar tantas opiniones y vivencias sobre el fracaso y sobre la frustración es muy difícil, pero me atrevo a hacerlo con cuatro frases que me han ido repitiendo mis padres durante mi vida.

Mi madre siempre me decía que si hacía alguna cosa, tenía que estar convencido porque de este convencimiento sacaría fuerzas y energías para tirarlo adelante. Por eso, cuando ella sabía que yo tenía que tomar una decisión importante, me decía:

- ¡Si tú estás convencido, hazlo!

Un día hablando con ella hace pocos meses, hacíamos un repaso de los proyectos donde me había implicado, y cuando le pregunté por qué me dejaban a mis anchas, ella me contestó:

- ¡Si te dedicabas muchas horas y te formabas, qué querías que te dijéramos!

El mensaje para mí es más profundo, pues realmente ella veía que estaba trabajando mucho, que me esforzaba y que, sobre todo, si me encontraba con algún problema, intentaba aprender para que no se volviera a repetir.

Hace unos meses, cenando un día en casa de mis padres, mi padre me preguntó cómo me lo estaba pasando con la nueva empresa que estaba creando a lo que le contesté:

- Es que creo que tengo que hacer lo que me gusta, aunque me cueste y aunque sufra de dinero.

Cuando se lo dije, de repente, dejó los cubiertos sobre la mesa, me miró y me dijo:

- No es que creas que tienes que hacer lo que te gusta. Es que tienes que hacerlo.

Creo que está todo dicho. Poco después, acabamos los dos diciendo:

- El éxito es ser feliz haciendo lo que te gusta, sea pareja, amigos, trabajo, etc.

El éxito para mí es aprender de todos los fracasos que se cruzan por mi camino. El éxito es ser capaz de evitar la frustración, porque eso nos permite levantarnos cada día contentos, sabiendo que podremos luchar por nuestros sueños. También nos levantaremos algunos días bastante desanimados, pero sacaremos esta actitud positiva para saber encontrar maneras de motivarnos para salir de casa inmediatamente.

El fracaso es doloroso, complejo y duele; no quiero engañar a nadie, pero es más cierto que cuando has hecho algo y después te esfuerzas para aprender, aquel dolor se va aliviando hasta convertirse en el recuerdo de un buen aprendizaje.

No tengo hijos pero soy hijo, y lo que le diría a todos los padres es una sola cosa:

- No frustréis a vuestros hijos. Animadlos a fracasar en aquello que los motiva.

GRACIAS PADRES.

Joan Riba Ollé y Maria Teresa Trullols Solà
20/5/1965 - Ermita de La Tossa
Buenas personas y trabajadoras

4

El día siguiente

Ya has acabado de leer todo el libro y mañana depende de ti. ¿Dispuesto a empezar?

La simbiosis

Si has llegado hasta el final de este libro, en más de una ocasión te habrás planteado si eres mamut o *sapiens*, cosa que es totalmente normal pues todas las personas tenemos dentro nuestro dudas y angustias, es decir, inquietudes que, de vez en cuando en nuestra vida nos detienen, seamos mamuts o *sapiens*.

Por ello hace falta que nos concienciemos de una sola cosa: *todos tenemos un mamut dentro de nuestro sapiens*.

Una simbiosis es una asociación entre dos individuos u organismos de diferentes especies que sacan partido de vivir en común entre los dos, como te pasa a ti con el mamut y el *sapiens*.

Si volvemos a los *sapiens*, veremos que es cierto que hay personas con una gran capacidad para transformar el mundo y realmente son reconocidas como tales, personas con prestigio y fama que hacen que la gente las respete. Pero no nos confundamos en absoluto, también tienen un pequeño mamut en su interior. Aunque tengan al pequeño mamut dentro, ellos tienen la capacidad de convertirlo en un pequeño *sapiens*, absorbiendo e interiorizando sus miedos, los cambios, el riesgo, etc.

Seguro que también encontraremos personas mamut que tienen dentro de sí a un *sapiens*, quizás muy escondido, pero allí está. Por eso espero que estas opiniones, ideas o vivencias sirvan para que este pequeño *sapiens* se acabe apoderando de tus inquietudes y que aquel mamut acabe actuando como un *sapiens*.

Mientras este libro se encontraba en fase de producción, lo leyó un joven inquieto a quien tuve la suerte de entrenar en balonmano cuando los dos éramos más jóvenes. Joan me dio su *feedback* del libro y me dijo:

- Creo que soy 80% mamut y un 20% *sapiens*. Trabajaré para cambiar los porcentajes.

Tenemos que mimar esta simbiosis de actitudes entre mamut y sapiens.

Seguro que algunos pensarán que no es fácil, que no pueden hacerlo, que les costará, y más excusas que seguro sabréis crear, pero ahora no se trata de eso, se trata de hacer.

¿Qué hacer?: empezar, y para eso hay que aprender.

¿Quién de vosotros quiere luchar por un sueño o reto que le emocione mucho?

TÚ... por eso estás vivo.

¿Quién quiere hacerlo?

TÚ... si no no habrías llegado hasta aquí.

¿Quién puede hacerlo?

TÚ... porque sabes que puedes hacerlo y que puedes aprenderlo.

¿Quién me puede ayudar?

TÚ... eres quien primero tiene que empezar y los demás ya llegaremos.

¡Vosotros ya habéis empezado, por lo tanto, felicidades!

Un día un espermatozoo triunfó, fecundó un óvulo y naciste tú, por lo tanto no es la primera vez que lo haces y que puedes triunfar.

Felicidades y adelante, que tus proyectos te están esperando.

Y recuerda siempre: *sólo llega tarde aquel que no empieza.*

Plan de trabajo personal

Al final de cada capítulo de las inquietudes he ido dando un conjunto de ideas sintetizadas que vienen a ser los deberes que hace falta realizar en nuestro plan de trabajo personal. Los resumo para recordarlos:

Quién soy
- Autorreconocimiento.
- Parar, pensar, priorizar, programar, producir.
- Fortaleza, debilidad, amenaza, oportunidad.
- Plan de acción.

Zona de confort
- Establecer una acotación temporal en la zona de confort.
- Hay que equilibrar la zona de confort incluyendo las emociones.
- El equilibrio es una zona de confort en movimiento.
- Definir la zona de confort actual.
- Visualizar la próxima zona de confort.

El miedo
- Para superar los miedos tenemos que hacer visible todo lo invisible.
- Aparcar el problema no lo soluciona, sólo lo esconde.
- Encarar = identificar, analizar, interactuar.
- Hay que mirar también los dulces que tenemos dentro de la mochila.
- Si tienes miedo, actúa y verás que puedes ganar.

La diferencia
- Ser diferente no es malo.
- La diferencia queda normalizada cuando convives con diferentes.

- El primero que se tiene que aceptar como diferente eres tú mismo.
- Para aceptar la diferencia hay que salir de la cueva.
- Los cinco convencimientos: de uno mismo, de estilo de vida, de inicios duros, de futuro y de valor más allá del dinero.

El cambio
- El cambio es un acto sustitutorio.
- El cambio es lo que viene y la transformación es lo que tú haces con este cambio.
- La transformación del medio empieza con nuestra transformación.
- Hay que aprovechar el cambio de todas las inquietudes para transformarnos.
- La capacidad de transformación se puede entrenar.

La comunicación
- Trata de que tu corazón y tu cerebro se entiendan cuando hablen.
- Aprende a comunicar que quieres vivir diferente y practica el modo en que explicarás cuál es tu sueño.
- Si te tienen que decir loco, que sea al menos después de haberte explicado.
- Utiliza un lenguaje universal cuando expliques tus retos.
- Si te cuesta comunicar, recuerda que si quieres, lo puedes aprender.

El tempo
- Todo en este mundo tiene su tempo necesario.
- Cada reto tiene una duración estimada que hay que aceptar.
- Un buen tempo tiene una duración y un ritmo, dependiendo del individuo y del entorno.
- La transformación requiere siempre un tempo especial.

La conciliación
- La mejor conciliación es entre las obligaciones y las devociones.
- Muchas obligaciones en su origen eran devoción y hemos dejado de tratarlas como tal devoción.
- El talento de las personas surge de su devoción.
- Tus devociones tienen que crecer más que tus obligaciones.
- No dejes que tu día a día se coma tus devociones.

El riesgo
- Los riesgos pueden estar controlados.
- El principal riesgo es no arriesgar.
- Hace falta que nos arriesguemos a arriesgarnos y por eso hace falta atrevimiento.
- En un mundo tan cambiante, el principal riesgo es quedarse igual.

El fracaso
- El fracaso y la frustración son dos cosas diferentes.
- La frustración viene de la no acción.

- Fracasar no es malo, lo malo es no aprender de los fracasos.
- Interiorizar el fracaso dentro de nuestra estrategia personal.
- El currículum fracasional es una herramienta que nos permite analizar y aprender de nuestros fracasos.

ECOSISTEMA DIGITAL

NUESTRO PUNTO DE ENCUENTRO

www.edicionesurano.com

2 AMABOOK
Disfruta de tu rincón de lectura y accede a todas nuestras **novedades** en modo compra.
www.amabook.com

3 SUSCRIBOOKS
El límite lo pones tú, **lectura sin freno**, en modo suscripción.
www.suscribooks.com

DISFRUTA DE 1 MES DE LECTURA GRATIS

1 REDES SOCIALES:
Amplio abanico de redes para que **participes activamente**.

4 APPS Y DESCARGAS
Apps que te permitirán leer e **interactuar con otros lectores**.

 iOS